KB261760

모든 조건이 같다면 사람들은 자신과 친한 사람들과 비즈니스를 하고 싶어 한다. 모든 조건이 같지 않아도 사람들은 여전히 자신과 친한 사람들과 비즈니스를 하고 싶어 한다. 그렇다면, 기술과 전략보다는 많은 친구가 있어야 한다.

인맥 만들기 란
친절함, 사람들의 관심을 이끌어 내는 능력,
자신의 가치를 먼저 제공하려는 자세를 말한다.

당신이 이 세 가지 자질을 갖추고 있
다면, 값진 인간관계를 맺을 수 있다.

LITTLE BLACK BOOK
OF CONNECTIONS

제프리 지토머의 **1**

SALES MENTORING

인맥으로 승부하라

제프리 지토머의 **1**

SALES MENTORING

인맥으로 승부하라

초판 1쇄 인쇄 2012년 10월 30일
초판 1쇄 발행 2012년 11월 5일

지은이 제프리 지토머
옮긴이 권혜아
펴낸이 양동현
펴낸곳 아카데미북
　　　　출판등록 제307-2012-7호
　　　　주소 136-034, 서울 성북구 동소문로13가길 27번지
　　　　전화 02) 927-2345 팩스 02) 927-3199

ISBN 978-89-5681-113-0(세트) 14320
ISBN 978-89-5681-115-4　　　　14320

www.iacademybook.com

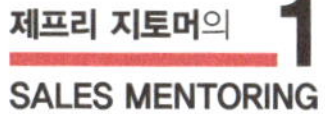

제프리 지토머의 1
SALES MENTORING

인맥으로 승부하라

제프리 지토머 지음 · 권혜아 옮김

LITTLE BLACK BOOK
OF CONNECTIONS

아카데미북

사람들이 먼저
당신을 찾게 만들라!

누구나 한 번쯤 자신의 비밀 수첩 또는
다이어리에 소중한 사람들이나 비밀리에 연락하는 사람들의 인적 사항
들을 적어 두었던 경험이 있을 것이다.

나도 어렸을 때 친구들의 주소와 나만 간직하고 싶은 전화번호를 작은 검
정 수첩Little Black Book, 여자 친구 주소록이라는 뜻도 있음에 비밀스럽게 적어서 가지고 다
녔다. 그 당시에는 나의 어머니와 아버지, 그리고 내 친구들 모두 이런 식
으로 연락처를 간직했다. 1950년대와 1960년대만 해도 전반적으로 디자
인이 세련되지 못했기에 대부분의 수첩 색깔은 검정색이었다. 하지만 요
즘에는 검정색 수첩을 찾아보기조차 힘들어졌다. 애써 찾는다면 랄프 로
렌이나 아르마니 같은 상표가 붙어 있는 것들뿐이다.

작은 수첩은 사업상으로 만나는 사람들은 물론 친지, 여자 친구들의 연
락처를 적는 데 두루 활용되었으며, 이것의 용도는 예나 지금이나 같다.

즉, 가장 중요한 사람들의 이름과 연락처를 적어 두는 것이다. 하지만 지금은 스마트폰, 랩탑컴퓨터lap-top computer, PDA 등이 이 역할을 대신하고 있다.

그런데 만일 당신의 연락처 리스트가 사라진다면 어떻게 될까? 분명 머릿속이 새하얗게 되면서 공황 상태에 빠질 것이다. 만약 당신에게 자녀가 있는데, 연락처 리스트를 잃어버렸다면 아이들에게 전화조차 할 수 없을 것이다. 평소 아이들의 전화번호를 단축 번호로 저장해 놓으니 필요할 때 전화번호를 기억해 낼 리가 없다. 요즘은 대부분의 사람들이 연락처를 번호 한두 개만 누르면 되는 단축 번호로 휴대전화나 전화기에 저장해 두고는 더 이상 전화번호를 일일이 외우지 않기 때문이다.

나도 마찬가지다. 나는 40년 전의 전화번호는 아직도 기억하고 있지만 어제 들은 전화번호는 기억하지 못한다.

1952년 애틀랜틱시티에 살았을 때 내 전화번호는 2-5740이었다. 이듬해 이 전화번호는 AT2-5740으로 바뀌었다. 심지어 나는 고등학교 때 외웠던 전화번호를 아직까지 기억한다. 하지만 매일같이 통화하는 내 딸의 전화번호는 외우지 못한다.

참으로 아이러니한 일이다. 이전과 달리 요즘 같은 컴퓨터 시대에는 인간관계를 맺고 또 유지하는 데 있어서 가장 중요한 말이 '백업Back-up'이 되어 버렸다.

당신만의 수첩을 갖고 있는가? 갖고 있다면, 얼마나 유용하게 쓰고 있는가? 혹시 잘 모르는 사람들, 심지어 당신을 모르는 사람들의 이름으로 가득 차 있지 않은가?

오늘날의 수첩은 대체로 데이터베이스 형태로 스마트폰, 아이패드나 갤럭시 탭 같은 랩탑컴퓨터, 데스크톱 PC, PDA, 이메일 속에 저장되어 있다. 이 책을 보고 있는 당신도 위와 같은 기기 속에 데이터로 만든 연락처를 갖고 있을 것이다.

여기서 잠깐! 당신에게 기꺼이 도움을 줄 수 있는 가장 중요한 사람 10명의 리스트를 작성해 보자. 그런 다음 스스로에게 물어본다. "나는 최근에 이들을 위해 어떤 도움을 주었지?" 혹시 도움이 필요할 때만 연락해서 곤란한 부탁만 하지는 않았는가?

나는 점심 식사를 핑계로 내 조언을 들으려는 사람들의 전화를 종종 받는다. 그럴 때마다 나는 이렇게 말한다. "제 조언을 들으시려면 시간당 500달러를 내셔야 합니다. 대신 점심은 제가 사겠습니다." 이런 방법으로 공짜로 나에게 뭔가를 얻으려는 사람을 거절할 수 있고, 점심시간에만 연간 5,000달러를 번다!

하비 맥케이Harvey Mackay의 책 《목마르기 전에 우물을 파라 Dig Your Well before You're Thirsty》를 보면 "새벽 2시에 당신이 전화를 걸 수 있는 사람이 있는가?"라는 질문이 있다. 이는 자신의 인간관계를 점검해 볼 수 있는 매우 효과적인 질문이다. 당신이 믿을 수 있는 사람은 누구인가? 당신을 믿는 사람은 누구인가? 새벽 2시에도 당신에게 전화를 걸 사람은 누구인가? 혹시 아무도 없는가?

앞으로 배우게 될 관계 맺기, 즉 인맥 만들기는 성질 급한 기업가나 세일즈맨을 위한 것이 아님을 밝혀 둔다. 혹시 당신이 그런 사람이라면 이 책을 그냥 던져 버리든가 진정한 부를 만들고자 하는 다른 사람에게 주길 바란다.

이 책은 인맥 형성을 위한 것이다. 따라서 이 책을 단순히 데이터베이스가 아닌 성공을 위한 도구로 사용하라. 이 책은 다른 사람을 짓밟지 않고 성공하는 방법, 구걸하지 않고 훌륭한 멘토를 얻는 방법, 고객·상사·동료·거래처·친구, 그리고 가족과의 관계를 돈독히 하는 방법, 영향력 있는 사람들과 친밀한 관계를 맺는 방법, 다양한 상황에서 적절하게 대처하고 알맞은 대화를 나누는 방법, 서로 도움을 주고받을 수 있도록 인맥을 최대한 활용하는 방법들을 다룬다. 그 방법들에 대한 것을 미리 살짝 말한다면, 먼저 나서서 그들을 도와주는 것이다.

이 책은 인간관계와 인간관계 형성에 대한 책이다. 영향력이 있는 사람이나 명성을 가진 사람을 만나는 것은 언제나 흥분되는 일이다. 단지 유명한 사업가·작가·연예인·스포츠인·대기업 CEO만을 말하는 것이 아니다. 당신이 성공할 수 있도록 도와줄 수 있는 사람들을 말한다. 특히 요즘 같은 때에는 대통령보다 당신에게 실질적으로 도움이 되는 사람을 만나는 편이 훨씬 낫다.

인생에서 더 큰 성취와 성공을 얻고자 한다면, 혼자만의 힘으로는 불가능하다. 반드시 다른 사람들의 도움이 필요하다. 그들은 당신이 도움을 받을 자격이 있다고 생각하면 기꺼이 도움의 손길을 내민다.

지금 당신에게 가장 소중한 사람 네다섯 명의 이름을 적어 보자. 그 사람들의 이름 옆에 그들이 당신을 어떻게 도와주었는지, 앞으로 어떤 도움을 받고 싶은지 한두 문장으로 적는다. 그리고 그 아래에는 당신이 그들을 어떻게 도와주었는지도 적어 보자.

이런! 그들을 도와준 것이 없는가? 있더라도 변변찮은 것인가?

이제 당신의 성장을 도와줄 수 있는 사람 중에서, 당신이 꼭 만나 보고 싶은 네다섯 명의 이름을 적어 보자. 큰 회사의 CEO나 당신이 종사하는 분야에서 가장 유명한 사람을 떠올릴 수도 있을 것이다. 하지만 그들이 꼭 유명 인사일 필요는 없다. 당신이 성공을 향해 달려갈 수 있도록 도울 수 있는 사람이면 충분하다. 당신이 만나 볼 가치가 있는 사람이라고 생각 되면, 그들은 당신을 반갑게 맞아 줄 것이다.

대단한 명성은 아니지만 어쨌든 나도 사람들에게 얼굴이 알려져 있다. 서점에 가면 내 책들이 진열되어 있고, 공항이나 길거리에서 나를 알아보는 사람들이 있다. 또한 나를 만나고 싶어 하는 사람들로부터 매일 50여 통의 이메일을 받지만 시간이 부족해 이들 모두와 만날 수 없어 아쉬울 뿐이다. 나에게는 내 이메일을 관리해 주는 담당자들이 있어 이들의 도움을 받고 있다. 그렇다고 이들이 나를 대신해 이메일에 답변을 해 주는 것은 아니다. 내가 말하는 내용을 받아 적어 이메일에 답장을 보내지만 모든 이메일에 일일이 답장할 여력이 없으므로, 나에게 가치가 있거나 서로에게 이익이 될 만한 이메일에 더 많은 시간을 쏟는다. 어떤 이메일은 놀라움을 금치 못할 정도다. 그들은 독자들과 공유할 수 있는 기막힌 아이디어를 제공하기도 한다.

반면 극히 개인적인 문제를 묻는 사람들도 있다. 나는 이들에게 진심에서 우러난 친절한 답변을 해 줄 것이다. 단, 15분에 250달러를 지불한다면! 바로 이것이 나에게 가치를 제공하는 사람과 단순한 문의자를 구분 짓는 방법이다.

내가 처음 글을 쓰기 시작했을 때, 다른 사람들이 나에게 연락할 거라고 생각하지 않았다. 단지 나는 책을 통해 사람들을 돕고 싶었다. 나의 글에 대한 신뢰가 생기자 사람들은 내게 연락을 해 왔다. 그 관계는 물리적인 관계가 아니라 정신적 유대의 측면이 강했지만 점차 물리적인 관계로 발전해 왔다.

당신에게 연락하고 만나려고 하는 사람이 있는가? 설사 없다고 해도 이를 성공과 실패의 잣대로 삼지 말고 현재 상황을 점검하는 성적표쯤으로 생각하자.

점점 더 법칙 ⫷ 사람들이 당신에게 끌릴수록 더 견고한 관계를 맺을 수 있다.

관계를 맺고 싶은 사람이 당신에게 관심을 보이지 않는다면, 이 또한 인맥 만들기 대한 당신의 현재 성적을 여지없이 반영하는 것이다.

사람들이 먼저 당신을 찾도록 만드는 것, 이것이 이 책의 최종 목표이다. 이 목표가 이뤄질 때까지 혹은 이에 맞는 계획을 세울 때까지, 그들과의 관계를 계속 유지하라. 이 책에는 당신과 인맥을 만들고 싶게 하는 방법과 매력을 만들어 내는 방법들이 담겨 있기 때문이다.

누구나 부자가 되고 싶어 한다.

사람들은 돈이 많아야 부자라고 생각하지만,

돈을 제외한 모든 것을 가질 때 부자가 된다.

인맥이 넓으면 돈보다 더 많은 것을 얻을 수 있다.

풍부하고 값진 인간관계는

성공과 성취, 그리고 부를 안겨 준다.

CONTENTS

Part 1   성장과 성공의
답을 주는
네 가지 질문!

어떤 사람들을
알고 있는가?

당신이 지금까지 살아오면서 맺어 온 수많은 인간관계에 대해 생각해 보자. 아마 수천 명은 족히 될 것이다. 하지만 지금까지 당신의 삶과 밀접한 관계를 맺고 있는 사람은 얼마 없을 것이다. 시간이 지나면서 이런 저런 이유로 관계가 점점 멀어졌기 때문이다.

그들 중에는 고향 친구나 학교 동창도 있고, 그다지 좋아하지 않는 친척, 직장에서 알던 사람, 더 이상 거래가 없는 거래처 사람, 어쩌다 알게 된 사람도 있을 것이다. 좋건 나쁘건 간에 어떠한 방식으로든 그들 모두 당신의 삶에 영향을 끼쳤을 것이다.

지금 당신이 알고 지내는 사람들이 어떤 사람들인지 돌아보는 일은 매우 중요하다. 이를 통해 당신이 어떤 유형의 관계를 만들어 왔는지, 어떤 사람들을 알고 있는지 파악할 수 있기 때문이다. 사람들과의 관계는 일부러 끊는 것이 아니라 시간이 가면서 저절로 소원해지는 것이다. 그리고 이보다 더 중요한 것은 지금은 모르는 사이지만 알고 지냈으면 하는 사람은 누구인가?

어떤 사람들과 알고 지내느냐는 당신이 어떤 사람들과 쉽게 인맥을 만들 수 있는지 보여 준다. 그들에 대해 잘 알수록 관계를 맺기가 더 쉬워지고, 그들을 얼마나 잘 아느냐에 따라 아침 일찍 또는 밤늦게 전화를 해도 되는지 안 되는지가 결정된다.

당신이 알고 있는 사람들 속에 힘이 존재한다. 사람들을 알고 인맥을 형성함으로써 생기는 힘이 아니라 성장을 돕는 힘, 성공을 돕는 힘, 궁극적으로 자기실현으로 이끄는 힘이 있다.

이 책을 읽으면서 현재 인간관계를 맺고 있는 사람들에 대한 파악뿐만 아니라, 연락을 유지하고 자신의 존재를 드러내며 가치를 제공하는 것

"여보, 내가 어렸을 때 알던 상상 속 친구와 상상 속에서 연락하고 지냈거든. 그런데 그 친구가 내가 상상 속의 회사에서 상상 속의 면접을 볼 수 있게 해 줬지 뭐야."

도 중요함을 알게 될 것이다. 또한 풍부한 인맥을 형성하는 법을 배우고, 이를 바탕으로 부를 쌓는 것도 가능하다.

당신에게 가장 중요한 사람 열 명과 개인적으로 가장 가까운 사람 열 명의 이름을 적고, 단지 기억만으로 이름 옆에 그들의 전화번호를 쓸 수 있는가?

나는 당신이 전화번호를 하나도 기억하지 못할 것이라고 장담할 수 있다. 아마 그들의 전화번호보다 이메일 주소를 기억할 가능성이 더 높다. 이렇듯 요즘의 인간관계는 회사 전화번호와 주소보다는 휴대전화 번호와 이메일 주소가 더 큰 역할을 한다.

한 번 맺은 관계를
잘 유지하고 있는가?

사람들은 자신만의 '영향권'을 갖고 있다. 그 영향권 안에는 친구, 직장 동료, 그리고 동호회나 단체의 회원이 있을 수 있다. 뿐만 아니라 가족, 동업자, 동네 이웃 등도 당신의 영향권 안에 속할 수 있다.

누구나 여러 명의 사람들과 인간관계를 맺는다. 이런 영향권 내에서 당신은 리더일 수도 있고 구성원 중의 한 명일 수도 있다. 하지만 집단 내에서의 위치와 상관없이 당신은 자신의 감정과 철학을 이야기하고, 아이디어를 내놓기도 하고, 당신이 겪은 경험담을 다른 사람들에게 들려주기도 할 것이다. 그리고, 당신이 그들과 맺고 있는 관계의 정도에 따라 그들의 앞날이 달라지기도 한다.

때로 당신은 어떤 관계에 흥미를 잃고 다른 관계로 옮겨 가기도 한다. 좋은 일이 생기면 그 관계는 더 밀접해지고 나쁜 일이 일어나 서로 등을 돌릴지도 모른다. 하지만 그 관계가 지속되는 한 당신의 삶에서 중요한 역할을 할 것이다.

정보나 도움을 얻기 위해 그들에게 의존하고 그들로부터 아이디어나 힘을 얻기도 한다. 힘들 때 격려를 받고, 심지어 금전적인 도움을 받을 때도 있다. 당신에게 도움이 필요하거나 새로운 관계를 맺으려 할 때 그들은 기꺼이 도움을 요청할 수 있는 사람들이다. 그렇지 않은가?

많은 사람들이 혼자서 모든 것을 하려고 애쓴다. 자신의 인맥을 이용해 도움받는 것을 불편해 하고, 부탁할 만한 사이가 아니라고 생각하기 때문이다. 이것은 크나큰 실수이다!

이렇게 생각해 보자. 당신이 수천 명의 사람들을 알고 있듯이, 당신의 친구나 영향권 안에 있는 사람들도 수천 명을 알고 있다.

'6단계 분리 이론six degrees of separation'에 대해 들어 본 적이 있을 것이다. 이 이

"제 명함입니다. 한 장은 지갑에, 한 장은 책상에, 한 장은 차에, 한 장은 빨간 양복 주머니에, 한 장은 검은 양복 주머니에, 또 한 장은 회색 양복 주머니에 넣어 두세요."

론에 의하면 우리는 여섯 단계만 거치면 누구와도 연결된다. 이것은 비즈니스 전략이라기보다는 TV 연예 프로그램에 나오는 이론처럼 들린다. 그러나 나는 수년 간의 경험을 통해 이 이론이 꽤 신빙성이 있다는 것을 깨달았다.

잠시 당신이 만나고 싶은 사람을 생각해 보자. 당신은 누군가를 알고 있고, 그 사람도 알고 있는 사람들이 있다. 그 사람들은 또 누군가를 알고 있으므로, 당신이 만나고 싶어 하는 사람과 통화를 하는 데 겨우 3단계만 거쳐도 만나고자 했던 사람과 연결될 수 있다.

영향권 모임은 단순히 성공을 위한 디딤돌이 아니다. 영향권에 있는 사람들과 관계를 형성함으로써 성공을 향해 나아갈 때 기꺼이 도움을 주는 관계가 되는 것이다. 당신은 이 책을 통해 모든 인간관계를 평생 유지할 수 있는 방법을 터득하게 될 것이다. 물론 그들도 당신과 관계를 유지하고 싶어 한다는 전제하에서.

인맥을 만드는 방법을 알고 있는가?

언제든 당신에게 인맥을 주선해 줄 수 있는 모임이 있다고 해도 관계를 만드는 일은 온전히 자신의 몫임을 잊지 말아야 한다. 물론 다른 사람의 도움을 받을 수도 있지만 다른 사람들이 항상 도울 수 있는 것은 아니며, 때로 도움을 거절할 수도 있다. 따라서 관계를 만들고 풀어 나가는 것은 스스로 능력을 키울 수밖에 없다. 대부분의 세일즈맨들은 고객과 관계를 맺기 위해 전화 영업을 하도록 배운다.

하지만 나는 전화 영업이 고객과 진정한 관계를 맺는 것을 방해하는 최악의 방법이라고 생각한다. 물론 전화 영업을 통해 사람들과 일시적인 관계를 맺을 수는 있지만 지속적인 관계를 만들어 나갈 가능성은 천 분의 일도 안 된다.

구직 활동도 마찬가지이다. 원하는 일자리를 신문이나 구직 사이트의

구인 광고를 보고 찾기란 힘들다. 최고의 직장은 결코 광고를 내지 않기 때문이다. 이보다 더 효과적인 방법은 인맥을 형성하는 것이다.

인맥을 만드는 장소가 따로 정해져 있는 것은 아니다. 비즈니스를 하면서, 야구 경기를 보면서, 극장에서, 공공장소에서, 아이들 생일 파티에서, 콘서트장에서 등 어느 곳이나 가능하다. 또한 당신을 좋아하는 사람들이 있는 곳, 아니면 당신이 만나 보고 싶은 사람들이 있을 만한 곳 등, 당신이 준비만 되어 있다면 어디서든 의미 있는 관계를 맺을 수 있다. 모든 관계가 유용하거나 직접적으로 비즈니스로 이어지는 것은 아니다. 인간관계는 그저 관계일 뿐이지만, 그 관계가 어떤 방향으로 발전될지는 아무도 예측할 수 없다. 또한 사람들 간의 만남에서 나온 입소문이 어떤 결과를 가져올지 아무도 모른다.

영리하고 자신감 있는 사람들은 상대방에 대해 알기 위해 가벼운 대화

로 말문을 열고, 관심을 끄는 질문으로 의미 있게 대화를 이끌어 간다.

관계를 맺고 유지하는 것은 좋은 인맥을 만들기 위함이다.

누군가와 첫 만남을 하면서 좋은 인상을 주었다면, 그가 다른 이에게 당신을 소개하거나 당신의 명함을 보여 줄 수 있다. 또 당신에게서 얻은 정보를 다른 이들에게 알려 줄 수도 있다.

이 책을 읽어 나가면서 다른 사람들과 인간관계를 맺고 상대방의 관심을 끄는 전략과 기법들을 배우게 될 것이다. 당신을 긍정적으로 기억하게 하는 방법과 좋은 입소문을 내게 하는 방법도 알게 될 것이다. 즉, 긍정적이고 인상적인 방법으로 사람들과 관계를 맺는 것은 물론, 좋은 평판도 얻을 것이다.

누가
당신을 아는가?

인맥을 만들 때 어려우면서도 중요한 부분이 바로 '누가 당신을 아는가?'이다. 당신이 종사하는 분야에서 가치 있는 사람이 된다면, 다른 사람들이 먼저 당신과 인맥을 맺고 싶어 할 것이다. 하지만 그들 모두가 당신에게 도움이 되거나 가치가 있는 것은 아니다. 그들 대부분은 당신이 원하는 방향과 거리가 먼 사람들일 테지만, 그중 몇몇은 예외일 수 있다.

당신이 해야 할 일은 자신의 분야에서 가치 있는 사람이 되는 것이다. 그렇게 된다면 당신은 끌어당김의 법칙을 통해 사람들을 끌어당길 수 있는데, 사람들은 이 전략에 대해 잘 모른다. 따라서 이 전략이 당신의 비밀 병기가 될 수 있다.

이 전략을 안다고 해도 이를 실행으로 옮기는 사람은 드물다. 그러므로 이 전략을 실행하는 사람은 더욱 강력한 무기를 갖추게 될 것이다.

당신이 누구를 아느냐가 아니라,

누가 당신을 아느냐가 중요하다.

-제프리 지토머

내가 이토록 자신 있게 말할 수 있는 것은 이 전략을 나 자신이 15년 동안 활용해 왔고, 이것이 내 성공의 지렛대가 되어 주었기 때문이다. 우연히 알게 되었지만 이제는 적극적으로 활용하고 있다.

이 책을 읽어 나가면서 당신은 다른 사람의 관심을 끌 수 있는 전략과 방법들을 터득하게 될 것이다. 그리고 '당신이 누구를 아느냐가 아니라, 누가 당신을 아느냐?'라는 진리를 통해 도움을 얻을 것이다.

다른 과정과 마찬가지로, 인맥을 만들 때도 법칙과 전략이 있다. 아래에 나오는 것들인데 이 중에는 이미 아는 것도 있을 것이다. 간단해 보이지만 실천하기는 어려워서 나도 전부 마스터하지는 못했다. 하지만 이를 읽고 이해한다면 훨씬 효과적이고 나은 방식으로 관계를 맺을 수 있을 것이다. 그리고 한 가지 더! 읽기만 하는 것이 아니라 반드시 실천해야 한다.

1. 친근하게 다가가라! 나머지는 저절로 해결된다

친근함은 호감과 신뢰를 낳는다. 사람들은 호감이 가거나 신뢰할 수 있는 사람과 비즈니스를 하고 싶어 한다. 미소는 친근함의 또 다른 표현이다. 미소를 띤 사람은 그렇지 않은 사람보다 100배는 더 매력적이다. 미소를 띤 사람은 다른 사람을 편안하게 만들고, 그가 어떤 사람, 어떤 사고방식을 가지고 있는지 보여 준다. 당신은 친근하게 다가갈 수 있는 사람인가? 사교성이 있는 사람인가?

2. 자신감 있는 모습을 보인다

악수는 당신의 이미지를 보여 주는 한 방법이다. 옷차림도 마찬가지다. 머리에서부터 발끝까지 그 모든 것이 당신이 어떤 사람인지, 어떤 스타일인지 말해 준다. 이렇게 드러난 이미지가 당신의 첫인상을 만든다. 비록 첫인상이 본 모습과 다를지라도 다른 사람들의 머릿속에서 첫인상은 오랫동안 지워지지 않는다. 당신은 자신이 어떤 이미지를 갖고 있다고 생각하는가? 당신이 관계를 맺고 싶어 하는 사람들에게 호감이 가는 이미지인가?

3. 말할 때 상대방의 눈을 보라

말을 할 때 상대방의 눈을 보는 것은 자신감과 진실함의 표현이며, 상대방에 대한 존중을 나타내는 것이다. 이처럼 쉬운 전략이 또 있겠는가? 말을 할 때 상대방과 눈을 마주치지 않으면 자신감이 없는 사람으로 보인다.

"누가 그러더군. 말을 할 때 눈을 보는 것이 중요한 비즈니스 기술이라고."

4. 긍정적인 태도가 긍정적인 결과를 가져온다

긍정적인 태도의 중요함을 모르는 사람은 없다. 하지만 긍정적인 태도가 의사소통 방식에서 얼마나 중요한 역할을 하는지 아는 사람은 많지 않다. 부정적인 태도에서 나온 말은 냉소적이거나 빈정대는 것처럼 들릴 수 있으며, 부정적인 행동은 불쾌하게 보일 수 있고 남들에게 인정을 받기도 어렵다. 엔진을 돌리는 연료처럼 마음속에는 긍정적인 태도로 가득 채워져 있어야 한다.

혹시 당신은 아무런 노력도 하지 않으면서 매일 아침마다 긍정적인 태도가 그냥 솟아나기를 바라고 있는가?

5. 리스크 없이 만들어지는 관계는 없다

대담해져라. 리스크를 마다하지 마라. '모험 없이는 아무것도 얻을 수 없다.'라는 나의 신념은 새로운 인맥을 만들 때 분명하게 드러난다. 리스크는 철저한 준비와 자신감으로 줄여 나갈 수 있다. 리스크를 떠안고 임무를 완수해 본 적이 있는 사람이라면, 차츰 시간이 흐르면서 처음 생각했던 것만큼 두려운 일이 아님을 느꼈을 것이다. 지금까지 왜 리스크를 피하려고만 했는지 스스로에게 근본적인 이유를 물어보자.

6. 철저하게 준비하라

영화감독 우디 앨런은 '성공의 8할은 일단 출석하는 것이다.'라는 유명한 말을 했다. 이 말은 '성공의 8할은 준비되어 출석하는 것이다.'라고 바꿀 수 있다. 준비는 성공의 열쇠이다. 대부분의 사람들은 준비가 부족하거나 아예 준비조차 없다. 이 세상에 지나친 준비란 없다. 준비에는 많은 노력이 필요하므로 끊임없이 노력해야 한다. 준비는 최고의 방법이 아니라 유일한 방법임을 명심하라.

여러 사람을 만나는 모임에 갈 때 얼마나 준비를 하고 가는가? 사적인 모임 혹은 공적인 모임에 갈 때 당신은 얼마나 준비해서 가는지 스스로 체크해 보자.

7. 만남의 목적이 약할수록 관계 맺기는 쉽다

사람들이 새로운 인간관계를 맺는 것은 어떤 동기가 있거나 필요에 의해서이다. 만나야 할 목적이 있고 부탁할 것이 있더라도 결코 서두르지 말아야 한다. 그보다 먼저 우정을 쌓고 상대방이 당신을 받아들일 때까지 기다려야 한다. 당신의 의도는 잠시 잊고 순수하게 관계 맺기에 집중해야 한다. 단기간의 이익과 장기적인 관계 중 당신에게 더 중요한 것을 생각한다면 기다려야 한다.

8. 다른 사람의 관심을 바라기 전에 먼저 관심을 보여라

사람들과 관계를 맺으려 할 때 그들에 대해 알고 싶은 것은 당연하다. 하지만 그들을 알기 전에 미리 평가해서는 안 된다. 상대방에 대해 알 수 있는 최고의 방법은 질문을 해 보는 것이다. 당신은 만남을 갖기 전에 그가 누구인지 파악할 수 있는 질문을 미리 준비해 두고 있는가?

9. 상대방과의 공통점을 빨리 찾아내 벽을 허문다

상대방과 공통점이 있느냐보다 공통점을 찾아낼 수 있느냐가 더 중요하다. 공통점을 찾게 되면, 자연스럽게 이야깃거리가 생긴다. 친구들과 친하게 사귈 수 있었던 것은 서로 통하는 바가 있었기 때문이다. 중요한 관계를 만들기 위해서는 공통점을 찾아야 하고, 이를 위해 많은 시간을 투자해야 한다.

10. 영향력이 큰 사람일수록 상대방의 접근을 경계한다

모든 사람들이 영향력이 큰 사람과 인맥을 만들기를 원한다. 하지만 그들도 당신에게 관심이 있을까? 그것은 당신이 만들어 낼 수 있는 가치와 신뢰, 그리고 관심의 정도에 달려 있다.

일반적으로 부유한 사람들은 중요한 결정을 내릴 때 서두르지 않는다. 당신도 그래야 한다. 확신을 심어 주고 천천히 다가감으로써 신뢰를 쌓아야 한다. 영향력 있는 사람과 인맥을 만들고자 하는가? 그들도 당신에게 호응을 하는가?

11. 밖으로 표출된 당신의 이미지가 인맥 만들기 능력을 결정한다

이는 '급class'의 문제가 아니라 '최고급first class'의 문제이다. 그리고 이미지는 바로 평판으로 이어진다. 당신이 없는 곳에서 사람들은 당신을 어떻게 평가하는가?

12. 당신의 모든 행동으로 당신을 평가한다

사람들의 머릿속에는 평가표가 있어서 당신이 약속을 얼마나 잘 지키고 있는지 늘 체크한다. 그렇기 때문에 항상 최고의 모습을 보여 주어야 한다. 그냥 최고로 보일 수는 없으니 최선의 행동을 취하고 최선의 방식으로 일 처리를 해야 한다. 자신이 말한 것을 실천하는가? 사람들이 당신을 최고라고 생각하는가?

13. 가치를 제공하라

돈독한 관계를 만들려면 서로 가치를 주고받아야 한다. 일방적인 관계는 오래가지 못하지만 가치를 기반으로 한 관계는 오랫동안 유지된다. 당신은 자신이 받고자 하는 가치보다 더 많은 가치를 남들에게 주고 있는가?

14. 메시지를 효과적인 방법으로 전달하라

좋은 관계를 유지하려면 나의 메시지가 효과적으로 전달될 수 있도록 늘 신경을 써야 한다. 당신의 메시지가 상대방의 행동에 영향을 줄 만큼 설득력 있고 효과적으로 전달되고 있는가?

15. 새로운 인맥 형성보다 관계의 유지가 더 중요하다

이를 위해 나는 이메일 매거진e-zine, 이메일로 전송되는 전자 잡지을 활용하고 있으며, 당신에게도 이 방법을 추천한다. 도움이 될 만한 정보나 중요한 기사들을 이메일 매거진을 통해 매주 내 고객들에게 발송한다. 당신은 정기적으로 고객들에게 가치 있는 메시지를 제공하고 있는가?

16. 언제 중요한 관계를 맺게 될지 모르므로 항상 준비돼 있어야 한다

막강한 인맥을 만들려면 한 사람만 공략해서는 될 것이 아니다. 늘 주위에 신경을 쓰라는 말이다. 당신은 매일 새로운 관계를 만들고 있는가?

17. 현재의 평판이 당신의 미래를 결정한다

현재 당신의 평판이 가까운 미래의 성공을 좌우한다. 평판은 하루아침에 만들어지는 것이 아니라 오랜 기간에 걸쳐 만들어지는 것이다. 현재 당신의 평판은 어떤가?

18. 있는 그대로의 모습을 보이고 진심으로 말하고 행동하라

그러면 상대방도 같은 모습을 보여 줄 것이다. 고전이 된 데일 카네기Dale Carnegie의 《인간관계론How to Win Friends and Influence People》의 기본 주제는 '있는 그대로의 모습 보여 주기'이다. 당신은 다른 이들을 진심과 솔직함으로 대하는가? 또 스스로에게는 얼마나 솔직한가?

있는 그대로의 모습을 보여 주어야 하는 이유가 몇 가지 있다.

첫째, 솔직함은 자기 자신에게 가장 편한 감정이다.

둘째, 자신에게 솔직할 때, 다른 사람들 눈에도 편하게 보이고 자신감 있어 보인다.

셋째, 사람들과의 커뮤니케이션에서 일관성을 유지할 수 있다. 자신에게
솔직하면 허심탄회하고 정직한 대화를 할 수 있는 분위기를 만든다.

이제까지 성공적인 인맥 만들기, 그리고 가치 있는 삶을 위해 내가 알고
있는 법칙과 지침을 제공했다. 이를 적용하고 실행하는 것은 당신에게
달려 있다. 실천으로 옮겨라!

2

Part 2   **어떤 사람들을
알고 있는가?**

당신이 알고 있는 사람들의
가치 계산하기

당신이 살아오면서 만났던 사람들을 떠올려 보자. 아마 수천 명도 넘을 것이다. 즉, 당신은 온 생애를 관계 맺는 데 바쳐 온 셈이다. 이제는 인적 네트워크의 힘을 활용해 당신에게 필요한 것을 얻고, 이를 더욱 확장시킬 때이다. 이 책은 단순히 학습을 위한 것이 아니라 실행 가능한 항목들로 구성했다.

잠깐 짚고 넘어갈 것이 있다. 수많은 사람들을 알고 있는데 어째서 당신이 가지고 있는 이메일 주소는 손으로 꼽을 정도밖에 안 되는가?

당신이 알고 있는 사람들을 그룹별로 정리해서 리스트로 만들면 효율적으로 활용할 수 있다. 예를 들어 친구·친척·비즈니스 파트너·고객·동료, 연하장을 보낼 사람, 당신이 속한 모임의 회원, 그리고 당신이 인간관계를 맺고 싶어 하는 사람들 등.

그룹별로 리스트를 만들고 난 다음에는 사람들에게 연락해서 그들의 이메일 주소를 얻는다. 그리고 올해 그들이 가장 필요로 하는 것을 알아낸 뒤, 당신이 도울 것이 있는지 생각해 본다. 같은 그룹으로 분류된 사람들은 원하는 것도 비슷하므로 여러 명에게 같은 내용의 단체 메일을 보내면 된다. 질문을 통해 그들이 필요로 하는 것을 알아내고 가치 있는 정보를 지속적으로 제공한다.

이렇게 하면 당신의 이메일이 다른 사람들에게 전달되고, 당신도 모르는 사이에 이메일을 받는 사람이 늘어날 것이다. 작은 것에서부터 시작하지만 가치 있는 사람이 되는 것이다. 사람들의 이름이 적힌 리스트를 만들고 부를 쌓아 간다. 이러한 것들이 따로 떨어져 있는 것이 아니라 모두 연관되어 있다.

당신의 현재 성취 정도를 나타내는 숫자에 체크한다.

1=전혀 그렇지 않다, 2=그렇지 않다, 3=보통이다, 4=그렇다, 5=매우 그렇다.

1. 사람들은 나를 좋아한다.

1 ☐   2 ☐   3 ☐   4 ☐   5 ☐

2. 계속해서 새로운 사람들을 만나고 있다.

1 ☐   2 ☐   3 ☐   4 ☐   5 ☐

3. 새로운 사람과 만나서 쉽게 어울린다.

1 ☐   2 ☐   3 ☐   4 ☐   5 ☐

4. 나를 멋지게 소개할 멘트를 준비해 두고 있다.

1 ☐   2 ☐   3 ☐   4 ☐   5 ☐

5. 정기적으로 다른 사람들을 돕고 있다.

1 ☐   2 ☐   3 ☐   4 ☐   5 ☐

6. 나는 항상 다른 사람들과 인맥을 만들고자 한다.

1 ☐   2 ☐   3 ☐   4 ☐   5 ☐

7. 일주일에 최소 10시간 정도는 인맥을 만드는 데 쓴다.

1 ☐   2 ☐   3 ☐   4 ☐   5 ☐

8. 개인 홈페이지나 블로그를 통해 유용한 정보를 제공한다.

1 ☐   2 ☐   3 ☐   4 ☐   5 ☐

9. 내가 아는 모든 사람들에게 내가 만든 이메일 매거진을 발송한다.

1 ☐   2 ☐   3 ☐   4 ☐   5 ☐

10. 정기적으로 글을 기고하고 있다.

1 □   2 □   3 □   4 □   5 □

11. 나는 각종 행사에서 강연을 하고 있다.

1 □   2 □   3 □   4 □   5 □

12. 내가 사는 지역사회에서 유력 인사들을 알고 있다.

1 □   2 □   3 □   4 □   5 □

13. 내가 사는 지역사회의 유력 인사들이 나를 알고 있다.

1 □   2 □   3 □   4 □   5 □

14. 내가 종사하는 업계의 유력 인사들을 알고 있다.

1 □   2 □   3 □   4 □   5 □

15. 내가 종사하는 업계의 유력 인사들이 나를 알고 있다.

1 □   2 □   3 □   4 □   5 □

16. 사람들이 인맥을 맺고자 할 때 내게 도움을 청한다.

1 □   2 □   3 □   4 □   5 □

테스트 점수를 계산해 보자.

- 80　　　: 당신의 인맥은 완벽하다.
- 70~79 : 훌륭한 점수이다. 게다가 점점 인맥을 넓혀 가고 있다.
- 60~69 : 본인은 괜찮은 인맥을 갖고 있다고 생각하지만, 현실은 그렇지 않다.
　　　　　당신의 노력을 배가시킬 수 있는 전략을 세워야 한다.
- 50~59 : 당신은 어디에서 누구와 인맥을 만들어야 하는지도 알지 못한다.
- 40~49 : 당신은 인맥 형성에 많이 뒤처져 있다.
- 30~39 : 당신에게는 전면적인 변화가 필요하다.

내가 인맥을
형성해 온 방법

내가 인간관계에 대해 막 관심을 갖기 시작했을 당시에는 고인이 된 데일 카네기의 《인간관계론》 외에는 읽을 만한 책이 없었다. 나는 이 책이 닳을 때까지 읽고 또 읽었을 뿐만 아니라 1970년대에는 데일 카네기 코스를 수강하기까지 했다. 하지만 나는 어떤 스승보다 '실전'을 통해서 가장 중요한 것들을 배웠다. 직접 부딪치고 대화하면서 인간관계를 체득하게 되었다.

내가 겪었던 사례를 들려주겠다. 내가 사용한 방법들이 당신의 상황에 맞게 적용될 수 있는 기회가 자주 생기기를 바란다.

첫 번째 사례는 내가 출판인과의 인맥을 만들고자 할 때였다. 나는 서점으로 가서 가장 잘 팔리는 책을 골라 저자의 감사의 말이 실린 부분을 펼쳤다. 감사의 말에는 결정권자인 편집장의 이름도 적혀 있다. 나는 이것에서부터 관계 맺기를 시작했다.

어느 날 나는 한 출판인의 소개로 리처드 브로디Richard Brodie라는 저자와 점심을 먹게 되었다. 리처드는 이미 여러 권의 책을 냈고, 마이크로소프트 사의 Word 1.0 매뉴얼의 저자이다. 그는 내가 만난 사람들 중에서 가장 멋지고 호감이 가는 사람이었다. 제3자의 소개가 없었다면 우리는 절대로 만날 일이 없었을 것이다.

두 번째 사례. 20대 초반 때 나는 아내와 함께 록 콘서트를 보러 간 적이 있다. 공연을 보면서 나는 아내에게 이렇게 말했다. "나도 이 정도는 할 수 있겠어. 뭐, 별거 없잖아. 가수를 부르고 공연 장소를 빌린 다음 나머지 잡다한 일들만 처리하면 돼. 내가 직접 표를 팔 필요도 없어. 인기 있는 가수만 섭외하면 팬들이 알아서 찾아올 거야."

말이 씨가 되었는지 그로부터 한참 후 뉴욕에 갔을 때 연예기획사 몇 군데를 방문할 기회가 생겼다. 이때 투어 공연 전문 가수 중에서 내가 가장 좋아하는 록 밴드인 일렉트릭 라이트 오케스트라Electric Light Orchestra를 발견했다.

얼마 후 이들이 내가 주최하는 행사에 참석하려고 비행기에서 내렸을 때 나는 너무 기쁘고 흥분한 나머지 이들과 악수를 해야 할지, 아니면 몸을 가볍게 쳐야 할지 갈팡질팡했다. 하지만 얼마 지나지 않아 제프 린Jeff Lynne과 다른 멤버들은 나와 친구가 되었다. 내가 그랬던 것처럼 당신도 평소 동경하던 사람들과 충분히 인맥을 만들 수 있다.

세 번째 사례. 나는 1976년에 비즈니스 파트너 두 명과 함께 나날이 성장하는 스포츠 웨어 회사를 공동으로 운영하고 있었다. 우리 회사는 투자자가 필요했고 알아보던 차에 얼 페트노이_{Earl Pertnoy}라는 투자자를 소개받았다. 몇 차례의 협상 끝에 우리는 투자자인 얼 페트노이가 25퍼센트의 지분을 매입하는 데 동의했고, 네 명 모두 동등한 지분을 갖기로 약속했다.

어느 날 마이애미에서 올랜도로 돌아오는 비행기 안에서 파트너 중 한 명이 26퍼센트의 지분을 갖기를 원한다고 말했다. 이렇게 되면 그나 다른 사람이 대주주가 될 수 있었다. 나는 집에 도착하자마자 얼 페트노이에게 전화를 걸어 자초지종을 설명한 후 투자를 하지 말라고 권유했다.

한 달 후, 나는 내 지분을 다른 두 명의 파트너에게 팔았다. 하지만 얼과 나는 이후로도 계속 친구로 지내고 있다. 그는 30년 넘게 나의 훌륭한 멘토가 되어 주었다. 그날 이후 나는 투자와 관련된 이유로 그를 만난 적이 단 한 번도 없지만, 그로부터 돈으로 환산할 수 없는 귀중한 조언과 지혜를 충분히 받고 있다.

글렌 터너_{Glenn Turner}는 내가 존경해 마지않는 세일즈 전문가이며 남들과는 다른 사고방식을 갖고 있다. 1972년, 나는 그의 강의 테이프와 영화, 그리고 책을 통해 세일즈 원칙뿐만 아니라 긍정적 사고방식을 유지하는 방법에 대해 배웠다. 물론 나폴레온 힐_{Napoleon Hill}, 데일 카네기, 얼 나이팅게일_{Earl Nightengale}, 빌 고브_{Bill Gove}, 더글라스 에드워드_{J. Douglas Edward} 같은 훌륭한 사람도 있지만, 글렌에게는 미치지 못했다. 그러다 1995년 4월, 그의 첫 강의를 들은 지 23년이 지나서 그를 직접 만날 기회가 생겼다. 나는 그를 만났을 때 그가 연설에서 사용한 마무리 멘트를 따라했다. 그는 미소를 지으며 나를 껴안았다. 이후로도 우리는 좋은 사이로 지내고 있다.

인맥은 다음과 같은 여러 요소들이 조합된 결과물이다.

첫째, 새로운 인맥을 받아들이기 위해 마음을 열어야 한다.

둘째, 적재적소에 있어야 한다.

셋째, 기회를 놓치지 않으려면 항상 준비되어 있어야 한다.

넷째, 현재의 인맥을 이용해 새로운 인맥을 만들어야 한다.

마지막으로, 이미 만들어진 인맥을 돌아보고, 인맥을 인맥으로 보답해야 한다.

하나의 관계는 다른 관계를 낳는다. 관계를 맺은 사람들에게 도움을 주어라. 그들도 기꺼이 당신을 도울 것이다.

인적 자원이
가장 큰 자산이다

새로운 인맥을 형성할 때 다음과 같이 인맥을 세 가지로 분류해야 한다.

첫째, 내가 이미 맺고 있는 관계. 이들이 누구인지 정확히 파악한다. 이들이 당신에게 어떤 도움을 주었는지, 당신은 이들에게 어떤 도움을 주었는지 생각해 보고 앞으로 이들과의 관계를 어떻게 유지할지 연구한다.

둘째, 나에게 곧 필요한 관계. 역시 이들이 누구인지 정확히 파악해야 한다. 그런 다음 당신이 이들에게 원하는 것과, 이들의 관심을 끌기 위해 해야 할 것을 알아내고, 어떻게 관계를 맺을 것인지 연구한다.

셋째, 앞으로 만나고 싶은 관계. 역시 이들이 누구인지 정확히 파악한다. 그런 다음 당신이 이들에게 원하는 것과, 이들의 관심을 끌기 위해 해야 할 것을 알아내고, 그들에게 접근할 수 있는 방법과 어떻게 관계를 맺을 것인지 연구한다.

아마도 당신은 각종 인맥 정보들을 이미 갖고 있을 것이다. 하지만 이런 인맥 정보들이 당신에게 어떤 의미이며, 어떤 도움을 줄 수 있는지 정확히 알지 못한다. 인맥 정보를 통해 원하는 것을 얻으려면 전략이 필요하다.

이제 인맥 정보에 번호를 매겨 정리한다. 숫자 1에는 그들이 당신에게 어떤 의미인지, 숫자 2는 그들이 당신에게 어떤 도움을 주는지, 그리고 3에는 당신이 그들에게 어떤 도움을 줄 수 있는지를 적어라. 가장 중요한 것과 중요하지 않은 것이 무엇인지 생각해 보자.

점점 더 법칙 ≪≪ 많이 베풀수록 사람들도 당신에게 더 많은 것을 주려 한다. 당신이 그들을 도울수록 더 의미 있는 사람이 되고, 그들의 삶에서 더욱 중요한 존재가 될 것이다. 역으로도 마찬가지이다.

내 경험으로는 도움을 받는 것보다 다른 사람들을 도울 때의 기쁨이 더 컸다. 따라서 당신의 자산, 즉 인맥 정보를 점검할 때 사람들의 이름 옆에 당신이 해 줄 수 있는 것이 무엇인지 자세히 적는다.

다른 사람에게 도움을 줄 수 있더라도 행동으로 옮기지 않는다면 아무 의미가 없다. 내가 쓰는 방법을 소개한다.

당신에게 가장 중요한 열 명의 사람을 떠올린 다음 각각의 이름 옆에 당신이 도울 수 있는 일과 그것을 30일 안에 실행시키기 위한 전략을 써넣는다. 한 달에 열 개씩만 실행해도 1년에 120번의 도움을 줄 수 있다. 결

당신은 열 살이 되기 전에 어머니로부터 인맥 만들기에 관한

모든 것을 배웠다. 친구를 사귀고, 사람들에게 친절하고,

거짓말을 하지 않고, 깨끗하게 씻고, 숙제를 마치면 된다.

—제프리 지토머

과적으로 당신도 그만큼의 도움을 받을 수 있다.

인맥 만들기 실습

현재 당신에게 중요한 사람 열 명의 리스트를 만든다. 이 열 명의 사람들이 당신의 현 인적 자산에서 가장 큰 비중을 차지할 것이다.

그런 다음 이들이 누구이고 당신에게 어떤 의미이며, 어떤 도움을 주었는지 떠올려 본다. 매주 이들과 어떻게 관계를 유지했는지, 또는 연락했는지 생각해 본다.

다음 단계로 당신이 그들에게 어떤 도움을 주고 있는지, 어떤 가치를 제공하는지 생각해 본다. 이것이 관계, 즉 인맥을 정의하는 방법이다.

"빌리, 숙제해야지!"
—인맥 만들기 숙제

어릴 적 어머니가 항상 하시던 말씀이 생각나는가? 숙제를 하라는 어머니의 잔소리는 삶을 살아가는 데 필요한 자기 원칙을 준비하도록 도와주셨던 것이다.

내일 당장 당신의 경력과 인생에 도움을 줄 수 있는 다섯 명의 사람과 인맥을 만들어야 한다고 가정해 보자. 그들과 관계를 맺을 준비가 얼마나 되어 있는가? 내가 묻고 싶은 것은 당신이 얼마나 열정적이냐가 아니라, 얼마나 준비되어 있느냐이다. 대부분의 사람들은 준비도 안 된 상태에서 인맥부터 만들려고 한다.

예를 들어 세일즈를 하면서 가장 신나는 일은 다른 사람을 소개받는 것이다. 그런데 다른 사람을 소개받고서 새로운 관계 형성에 대한 과도한 욕심으로 좋은 기회를 놓치곤 한다. 소개를 받은 후 바로 전화를 걸어 소개해 준 사람을 언급하면서 만날 약속을 잡으려 하면 대개 이런 대답을 들을 것이다. "고맙습니다만 별로 관심이 없습니다."

기회는 사라지고 만 것이다.

당신이 조금 더 생각을 했다면, 직접 약속을 잡기보다는 소개해 준 사람에게 셋이서 함께 식사할 자리를 마련해 달라고 부탁했을 것이다. 편안한 분위기에서 당신의 말을 지지해 줄 든든한 지원군을 옆에 두고 있다면 새로운 인맥을 만들 수 있는 최고의 기회가 될 것이다. 이처럼 설득력 있는 상황이라면 성공적인 결과를 가져올 확률이 높다.

남들이 기꺼이 도와주려 하고 또한 성공적인 결과가 보장되어 있는 길을 놔두고 스스로 모든 것을 해결하려고 달려드는 것, 인맥을 만들 때 가장 어리석은 행동이 바로 이것이다.

새로운 관계를 맺으려다 거절당한 적이 몇 번이나 있는가? 비즈니스 관계만을 말하는 것은 아니다. 초등학교 시절, 친구에게 같이 놀자고 했는데 거절당한 것, 학교 파티에서 여학생에게 함께 춤을 추자고 말했을 때 거절당한 것도 포함된다. 사실 거절당하는 것은 우리 삶의 일부분이다. 인생의 쓸쓸한 단면이랄까.

내가 다니던 고등학교의 **YMCA**에는 '반항아_{Rebels}'와 '바이킹_{Vikings}'이라는 클럽이 있었다. '반항아'에는 주로 운동을 잘하는 아이들이, '바이킹'에는 공부를 잘하는 아이들이 가입했다. 두 클럽 모두 재킷을 맞춰 입었는데, 내가 속한 바이킹 클럽의 재킷은 빨간색에 소매 부분은 희고, 검은색으로 V자가 큼직하게 새겨져 있었다. 나는 그 재킷을 입을 때마다 기분이

우쭐해졌다.

고등학교 2학년 때 내 친구인 케니 아티스Kenny Artis를 새 회원으로 받아들이는 문제로 투표를 한 일이 있다. 케니는 다른 학생들과는 남다른 면이 있었다. 그는 학교 신문의 편집자로, 혼자 노는 경향이 있었으며, 비상하게 똑똑했다. 또한 색다른 유머 감각도 지니고 있었는데, 1960년대 당시에 색다르다는 것은 이상하다는 것을 의미했다.

투표 결과는 케니를 회원으로 받아들이지 않는 것이었다. 나는 자리에서 일어나 단지 케니를 좋아하지 않거나 선입견 때문에 그를 거절하는 것은 부당하다고 말했다.(지금 생각해 보니 이것이 나의 첫 공식 연설이었던 것 같다.) 나는 케니와 함께 지내면서 겪었던 일과 케니에게 얼마나 많은 도움을 받았는지 3~4분 동안 이야기했다. 나는 회원들에게 이 점을 재고해 달라고 간곡하게 부탁했고, 재투표 결과 케니는 만장일치로 클럽의 신입 회원이 되었다.

케니와 나의 우정은 42년이 지난 지금까지도 이어지고 있다.

인맥 만들기 실습

인맥을 만들기 전에 마쳐야 할 숙제가 있다.

우선 당신이 관계를 만들고 싶은 다섯 명의 사람을 선택한 다음, 친구나 지인을 통해 그들과 만날 약속을 잡거나 전화 통화를 이끌어 내도록 해보자.

이렇게 새로운 인맥을 형성하면 성공을 향해 한 발 앞으로 나아갈 수 있다. 또한 이 방법을 시도하면서 당신의 현재 인맥이 얼마나 효과적이며 강력한지 점검하는 기회가 된다.

이 실습을 할 때는 10분 정도의 통화가 적당하다. 통화를 하는 당신의 태도가 큰 영향을 줄 수 있으므로 무턱대고 전화부터 해서는 안 된다. 전화를 걸기 전에 충분한 준비를 해야 한다. 세일즈로 치면 '사전 통화 준비'쯤 될 테고, 고등학생으로 치면 '숙제'에 해당된다.

가장 효과적인 인맥은 지인을 통해서 관계를 맺는 것이다. 인간관계에 대한 나의 철학은 내가 누구를 알고 있느냐보다 '누가 나를 알고 있느냐?'가 더 중요하다. 이때 그들이 당신을 모른다면 어떻게 할 것인가? 따라서 두 번째로 중요한 나의 철학은 '당신이 그들을 모른다면, 그들을 아는 사람을 찾아라.'이다. 이것이 당신이 풀어야 할 숙제이다.

Part 3 무엇을 원하는가?

원하는 것을 모르면
결코 원하는 것을 얻을 수 없다

자신이 원하는 바를 아는 것은 아주 당연하게 여겨진다. 하지만 자신의 진로를 결정하지 못한 채 고민하고 있는 주변 사람들을 생각해 보자. 그들은 어떻게 할지 몰라 방황하면서 절망의 날들을 보낸다.

이것은 사람들과의 관계에서도 마찬가지다. 누구와 관계를 맺어야 할지 모른다면, 당신에게 도움이 되는 인맥을 만들 수 없다.

자기 자신에게 다음의 질문들을 해보자.

· 인맥 만들기를 통해 내가 얻고 싶은 것은 무엇인가?

· 인맥을 만들고 싶은 사람들은 누구인가?

· 이를 위해 더 많은 시간을 투자해야 하는가?

· 매주 몇 명의 사람들을 만나야 할까?

· 지금까지 나의 성과는 어떤가?

· 지금까지 나는 어떤 사람들과 관계를 맺어 왔으며, 이들은 내게 어떤 의미인가?

인맥을 만들기 위해서는 무엇을 원하는지, 누구와 함께 하고 싶은지 알아야 한다. 거기에 더하여 철저한 전략과 행운이 적절히 조화되어야 한다.

그동안 당신이 만나 온 사람 중에는 당신이 찾아가 만난 사람도 있고, 우연히 또는 소개로 만난 사람도 있다. 그리고 직접 만나기 전까지 당신에게 도움이 될 거라고 생각지 못한 사람도 있다. 당신이 이들을 만나게 된 것이 온전히 우연만은 아니다. 당신이 적재적소에 있었기 때문에 그들을 만날 수 있었던 것이다.

스포트라이트의 중심에 서면 더 많은 관계를 형성할 기회가 생긴다. 세미나에 참석하면, 대략 세네 명의 새로운 사람을 만날 수 있다. 만일 당신이 세미나를 주최하면, 세미나에 참석한 모든 사람들과 만날 기회가 생긴다. 당신이 개최한 세미나가 훌륭하다면, 세미나에 참석한 모든 사람이 당신과 만나길 원할 것이다.

사람들에게는 각자 만나고 싶은 사람들이 있다. 사업상 혹은 개인적으로 만나 보고 싶은 사람도 있을 것이고, 일하고 싶은 회사의 사장, 이성, 존경하는 사람에 이르기까지 다양하다. 만나고 싶은 사람이 누구인지 안다면, 그들을 만날 수 있는 방법을 알아내야 한다. 간단한 것 같지만 결코 쉽지 않으므로 그 방법을 소개한다.

첫째, 그들을 만나기 위해 혼자 힘으로 노력할 수 있다. 우편이나 이메일, 전화 등을 통해 그들에게 접근을 시도할 수 있으며, 그들이 갈 만한 곳에서 기다렸다가 만남을 시도할 수도 있다. 하지만 나는 이 방법이 큰 효과가 있다고 생각하지 않는다.

둘째, 다른 사람을 통해 소개받는다. 주변에 당신을 도울 수 있는 사람, 즉 만나고 싶은 사람과 직접적인 친분이 있어 만남을 주선하거나 당신을 소개해 주도록 부탁한다.

오래전, 내 칼럼을 여러 출판물에 싣기 위해 사방팔방으로 알아보던 때의 일이다. 골프 용품을 생산하는 내 고객과 이야기를 나누다가 그의 지인이 골프 잡지에 있다는 것을 알게 되었다. 그가 잡지사에 있는 자신의 지인을 만나고 싶은지 물었을 때, 나는 거의 함성을 지르며 대답했다. "물론이죠!" 그로부터 이틀 후, 나는 골프 잡지사에 다니는 고객의 지인과 만나 내 골프 칼럼에 대해 이야기를 나누게 되었다. 그런데 알고 보니 그는 편집장이 아니라 그 잡지사의 전국 총괄 영업부장이었다. 그는 당시 뉴욕에서 일할 영업자를 찾고 있었다. 나는 뉴욕에서 출판물 광고 일을 하는 괜찮은 영업자를 알고 있었는데, 마침 그는 더 나은 직장으로 옮기고 싶어 했다.

그 만남은 오히려 내 새로운 인맥에게 다른 사람을 소개해 주는 자리가 되었으며, 즉시 그 둘을 연결시켜 주었다. 나 또한 다음번 뉴욕 출장 때 그 골프 잡지의 편집장과 마주할 수 있게 되었다.

내 고객을 통한 만남이었던 만큼 잡지사의 영업부장은 나를 만나기도 전에 나에 대한 신뢰를 갖고 있었다. 결과적으로 우리는 서로에게 꼭 필요한 사람을 소개해 주며 서로 도왔다. 만난 지 한 시간도 안 돼, 우리는 서로를 도왔고 결국 친구가 되었다. 누이 좋고 매부 좋은 일이었다.

셋째, 사람들이 먼저 당신을 찾게 만들어라. 지난 15년 동안 만들어진 내 인맥의 대부분은 나를 찾아온 사람들에 의해서 형성된 것이다. 이들은 다른 사람들로부터 나를 소개받거나 내 칼럼과 책을 읽고 연락을 해 왔다. 혹은 내 세미나에 참석해서 알게 된 사람들도 있다.

당신이 이런 방법을 지금 당장 써먹을 수 있는 것은 아니지만, 내가 이제껏 경험한 것 중에서는 가장 강력하고 효과적인 방법이다. 일단 당신이 신뢰를 쌓게 되면 사람들은 여러 가지 이유로 당신을 찾고, 당신에게는

선택을 할 수 있는 결정권이 주어진다. 이것은 우연히 일어나기도 하지만, 당신에게 먼저 전화를 건 사람에 의해서 생긴 필연이기도 하다.

나는 로스앤젤레스에서 샬롯Charlotte으로 돌아오는 비행기 안에서 이번 Part의 글을 쓰고 있다. 비행기에 탑승해서 내 자리에 앉아 있는데 한 남자가 다가와서 "선생님 세미나에 몇 번 참석한 적이 있습니다. 정말 훌륭한 세미나였어요!"라고 말을 걸어 왔다. 나는 "안목이 높으신 분이시군요!"라며 맞장구쳤다. 그는 내게 명함을 내밀며 말했다. "선생님을 우리 회사의 행사 강연자로 모시고 싶습니다."
이렇게 난데없는 상황에서도 새로운 관계를 맺을 수 있다니! 더군다나 돈까지 벌면서.

지금까지 누구와 관계를 맺어 왔는가?
그 관계는 당신에게 어떤 의미인가?

당신의 인맥에서 가장 중요한 사람 열 명의 이름을 쭉 적어 본다. 부모님이나 직계 가족은 제외한다. 이제 각각의 이름 옆에 다음의 네 가지 사항을 적는다.

1. 당신과의 공통점

2. 이 인맥에서 당신이 얻은 것

3. 이 인맥에서 앞으로 계속 얻고 싶은 것

그리고 가장 중요한 것,

4. 이 인맥을 만들고, 또 유지하기 위해 당신이 한 일들

이렇게 정리해 보면 당신이 이미 갖고 있는 것을 분명하게 파악할 수 있다. 따라서 현재 당신이 원하는 것이 무엇인지 명확히 할 수 있다.

이제 당신이 관계를 맺고 싶은 다섯 명의 이름을 떠올려 본다. 각각의 이름 옆에 다음의 네 가지 사항을 적는다.

1. 이 인맥에서 내가 얻고 싶은 것

2. 당신과 그들의 공통점

3. 그들과 인맥을 만드는 방법

그리고 가장 중요한

4. 그들과 인맥을 맺고, 또 유지하기 위해 당신이 줄 수 있는 가치

새로운 관계에서 당신이 원하는 것이 무엇인지 적는 것은 어렵지 않다. 그러나 당신이 그들에게 줄 수 있는 것과 그들과의 공통점을 찾는 것은 생각보다 어려울 것이다.

일단 당신이 원하는 것이 무엇인지 파악했다면, 이를 얻는 가장 쉬운 방법은 본인 스스로 가치 제공자가 되는 것이다. 즉 무언가를 '얻기' 위한 가장 쉽고도 확실한 방법은 먼저 '주는' 것이다.

다른 사람들에게 '먼저 가치를 제공하는 것'은 완전히 새로운 사고방식이다. 부탁하기보다는 먼저 베풀어라. 당신의 도움을 받은 이들이 당신에게 보답하고자 할 것이다.

내가 사람들에게 무엇을 해 주거나 도와주었을 때 그들은 이런 말을 한다. "제가 도와드릴 수 있는 일은 없나요?" 사실 이것은 매우 대책 없는 질문으로 "고맙습니다."라는 말 그 이상은 아니다. 또한 상대방에 대해 아무것도

모르면서 무턱대고 질문을 하는 것이므로 바람직하지 않다. 내가 "이번 달 주택 융자금을 대신 내주시면 됩니다."라고 말할 수도 있지 않은가.

나는 그들이 이렇게 말해 주면 좋겠다. "당신의 책을 열 권 사서 소중한 사람들에게 나눠 주려고 합니다." 이보다 멋진 보답이 있을까! 이는 단순히 말이 아닌 행동으로 호의에 보답하는 것이므로 더욱 가치가 있다. 하지만 대부분의 사람들은 이런 식으로 생각하지 않는다. 특히 내가 뭔가를 해 주었던 사람들은 더욱 그랬다.

나와 개인적인 친분은 없지만, 이 책을 사서 읽은 사람들이 내게 보내는 이메일에 어떤 말을 쓸지 예상할 수 있다. "저는 당신의 책을 읽고 나서 바로 서점으로 가서 당신의 책 열 권을 샀습니다. 저는 이 책들을 저의 소중한 고객들에게 나눠 드릴 것입니다."

이런 상황을 '우주 본연의 보답cosmic payback' 또는 '우주 본연의 관계cosmic connection' 라고 할 수 있을 것이다.

나는 살아 오면서 많이 베풀수록 더 많이 받게 된다는 진리를 배웠다. 하지만 이상하게도 내가 도와주었던 사람들로부터 직접 돌려받지는 못했다. 왜인지는 알 수 없지만, 이것이 세상 돌아가는 이치인 것 같다. 내가 그 이유를 설명할 수 있다면 지금보다 더 대단한 사람이 되어 있지 않을까!

자, 그럼 당신이 원하는 것에 대한 이야기로 돌아오자.

당신은 승진하고 싶어 하고 더 나은 직업을 원한다. 진로를 바꾸고 싶어 하며, 조언을 얻고 싶어 한다. 프로젝트에 필요한 자금을 구하고 있고, 도

원하는 것을 얻으려면, 원하는 것을
정확히 파악하고 전략을 세워야 한다.

-제프리 지토머

움을 줄 만한 영향력 있는 사람을 소개받고 싶어 한다. 또 큰 실적도 올리고 싶어 한다.

당신이 원하는 것을 정확히 알고 있다면, 당신의 의도대로 관계를 만들어 갈 수 있다. 그리고 당신이 얻고자 하는 것에 대해 솔직하면 상대방에게도 도움이 된다. 특히 상대방이 당신과 초면이라면, 그는 대화를 하는 내내 "대체 이 사람이 내게서 무엇을 원하는 거야?"라고 생각할 것이다. 만일 당신이 내게 전화를 걸었는데 본론으로 바로 들어가지 않고 돌려 말한다면, 나는 "뭘 도와 드릴까요?"라고 단도직입적으로 물어서 당신이 내게 전화한 목적을 말하게 할 것이다.

대부분의 사람들, 특히나 세일즈맨들은 원하는 것을 직접적으로 말해서는 안 된다고 생각하지만, 가치 제안value proposition으로 고객을 직접 공략한다면 시간도 절약하고 성공 확률도 높다.

하지만 당신이 나에게 전하는 '가치 메시지'가 "당신의 아이디어를 얻기 위해 점심을 대접하고 싶습니다."라면 절대로 통하지 않을 것이다. 나는 이와 같은 제안에는 그 누구에게도 시간을 내주지 않는다. 그렇지만 당신이 지금 막 내 책을 샀고, 내 사무실에 들러 친필 사인을 받고 싶어 한다면, 마침 나도 자리에서 쉬던 중이라면 주저 없이 당신과 10분 정도 이야기를 나눌 것이다. 현실에서는 당신이 만나고 싶어 하는 사람들 중에

책을 낸 이가 많지 않을 것이다. 그렇다 해도 그들과 만나 관계를 형성할 수 있는 방법은 많다. 나의 책《세일즈 시크릿 열정The Little Red Book of Sales Answers》을 보면 CEO 역판매reverse CEO selling라고 불리는 관계 형성 과정에 대해 나와 있다. 자신이 직접 리더십에 대한 뉴스레터를 만들어 CEO들과 그들의 리더십 철학에 대해 인터뷰를 한다. 그런 다음 그들의 사진을 함께 실은 뉴스레터를 발행해 당신이 속한 커뮤니티나 업계의 영향력 있는 사람들에게 보낸다. 내 웹사이트 www.gitomer.com 또는《세일즈 시크릿 열정》을 읽어 보면 더 자세한 사항을 알 수 있다.

지금까지 내가 당신에게 알려 준 정보들은 빙산의 일각에 불과하다. 때로 자신이 원하는 것을 정확히 파악하는 데만 수년이 걸린다. 그러나 당신이 무언가를 간절히 원하고 끈질기게 노력한다면, 오랜 시간이 걸리더라도 마침내 당신이 원하는 것을 얻게 된다.

따라서 당신이 간절히 원하는 것이 있다면, 우선 다른 사람들이 원하는 것을 얻을 수 있게 도와라.

'다른 사람이 원하는 것을 도움으로써 당신이 원하는 것을 얻을 수 있다.'라는 말도 있지 않은가. 당신이 어떤 방법으로 도움을 주든 예상하지 못했던 방법으로 이를 돌려받게 된다.

'좋은 일은 기다리는 사람에게 온다.'라는 말도 있다. 목표를 향해 인내심을 갖고 꾸준히 도전한다면 반드시 좋은 일이 생긴다.

이제는 계획을 세울 때이다. 전략과 액션 플랜, 즉 원하는 것을 현

실로 만들어 줄 계획을 세워라.

당신이 세운 계획에는 스스로의 힘으로, 혹은 제3자의 소개로 인맥을 만드는 방법도 포함되어 있어야 한다. 또한 사람들이 먼저 당신에게 연락하게 만드는 것도 잊지 말자. 이를 위해서는 해야 할 일이 무척 많지만 노력한 만큼의 가치는 충분히 있다.

액션 플랜 만들기

우선 '내가 원하는 것'을 문서로 만든다. 당신이 인생에서 절실히 원하는 것, 즉 성공, 성취, 업적 등을 한두 페이지로 적는다. 그리고 당신이 알고 있는 사람들 중에서 당신을 도와줄 사람들의 리스트를 만든다. 마지막으로, 앞으로 만나고 싶은 사람들과 이미 알고 있는 사람들 중에 당신의 목적 달성에 도움을 줄 수 있는 사람들의 리스트를 작성한다. 당신의 인맥 정보에 있는 사람들에 대해 파악했다면 행동으로 옮긴다.

Part 4 내가
해야 할 일은?

생각하라!
그런 다음 행동하라

10년 또는 20년 동안 알고 지내던 사람들이 당신의 경력과 성공에 끼친 영향에 대해 생각해 보자. 그런 다음 당신이 신뢰하는 멘토_{mentor, 조언자}를 떠올려 보고 그들과 어떻게 관계를 맺었는지도 생각해 보자. 신뢰하는 멘토 중에는 친척이나 부모님처럼 가족 관계에 있는 사람도 있다. 그러나 어떤 이는 인생을 살아가면서 어느 시점에서 만난 사람들이다. 그들이 없었다면 당신의 인생은 지금과는 다른 모습일 것이다.

이 part에서는 인맥을 넓히는 방법을 배울 것이다. 하지만 더 중요한 것은 자신의 인적 자원을 활용하는 능력이다. 자신의 인맥 중 가장 영향력이 큰 관계를 어떻게 만들고 유지했는지 곰곰이 생각해 보라. 기억해 냈다면 그것을 다시 반복한다!

지금, 그리고 1년 혹 당신 모습의 차이는

어떤 사람들을 만나고 어떤 책들을 읽느냐에 달려 있다.

―찰리 존스, 《삶은 엄청난 것이다 Life is Tremendous》의 저자

이런 과정은 모두에게 도움이 될 것이다. 당신은 원하던 사람들과 인맥을 만들게 되고, 이 관계를 통해 당신이 원하는 것을 얻게 될 것이다.

상당한 효과를 거두었다면 당신은 이 책을 다른 사람에게 추천하거나 감사의 뜻으로 나에게 수표를 보낼지도 모른다.

인간관계가 흥미로운 것은 값을 매길 수 없을 만큼 소중하기 때문이다. 당신이 해야 할 일은 광산을 찾아 가능한 많은 원석을 캐내 빛을 낼 때까지 닦는 것이다.

사람들과의 만남
준비하기

찰리 존스Charlie Jones는 40년 이상 자신의 전설적인 명언, '지금, 그리고 1년 후 당신 모습의 차이는 어떤 사람들을 만나고 어떤 책들을 읽느냐에 달려 있다.'고 말해 왔다.

이 말에 대해 잠시 생각해 보자. 그런 다음 당신이 올해 읽을 도서 리스트와 '꼭 만나야 할 사람들' 리스트에 올려져 있는 사람들은 누구인지 살펴보자. 장담하건대, 당신은 어떤 리스트도 갖고 있지 않을 것이다. 그렇다면 지금 당장 만들어 보는 것은 어떤가?

올해 내가 읽을 책들

1. ____

2. ____

3. ____

나의 경력과 삶에 큰 영향을 줄 만한 사람들,

그러므로 기필코 만나야 할 사람들

1. ____

2. ____

3. ____

이제 한 가지만 남았다. 계획한 것을 실천하는 것!

내 경험으로 볼 때 '실천하라.'고 말하면, 가급적 빠른 시일 내에, 혹은 시간이 있을 때 한다는 뜻으로 받아들인다. 이 무슨 실없는 소리인가!

많은 사람들이 "나는 실천력이 부족해서…….", "나는 일처리가 너무 느려서……."라고 말하면서 자신의 앞날을 미리 결정해 버린다. 이런 사람들은 갑자기 심장 마비가 와도 "시간이 나면 병원으로 바로 갈 거예요."라고 말할까?

접근하는 용기 얻기

나는 3년 안에 관계 맺기에 필요한 것이 무엇인지 확실히 알려 줄 《세일즈 볼 Sales Balls》이라는 책을 쓸 계획이다. 더 크게 성공하고, 목표를 이루고, 꿈을 실현하려면 실행하는 사람이 되어야 한다. 실행하는 사람이 되려면 다른 이와 관계를 맺는 능력, 결단력, 용기, 당신에게 다시 연락하고 싶게 만드는 끌림이 있어야 한다.

사람들은 대개 다음 네 가지의 이유로 새로운 사람들과 관계 맺는 것을 두려워하거나 꺼린다. 준비가 덜 되어 있거나, 거절에 대한 두려움이 있거나, 자신의 능력을 제한하거나, 자존감이 낮기 때문이다.

완벽하게 준비하기

준비가 되어 있지 않은 상태를 잘 설명할 수 있는 것이 바로 신경과민이다. 사람들 앞에서 강연을 하거나 공부를 제대로 하지 않은 채로 시험을 보러 갈 때 느끼는 감정 같은 것이다. 이를 극복하려면 시간을 들여 철저히 준비하는 방법밖에 없다. 충분한 시간을 들이고 그 상황 속에 있다고 가정하고 연습해 보는 것이다. 즉, 당신이 하고자 하는 일에서 만에 하나 생길 수 있는 것까지 철저히 대비해야 한다. 예를 들어, 강연을 해야 한다면 강연문을 만들고 리허설을 하는 것으로 끝내면 안 된다. 예상 질문 10~15개를 만들고 각 질문에 대한 답변까지 완벽하게 준비하면 강연을 만족스럽게 마칠 수 있을 것이다.

거절에 대한 두려움 없애기

거절에 대한 두려움은 누구나 느끼는 것이다. 남자들은 어릴 때부터 데이트를 신청하면서 거절을 많이 당하기 때문에 여자들보다 거절의 쓴맛을 더 일찍 경험한다. 세일즈맨들이 일을 그만두는 가장 큰 이유도 바로 거절이다. 거절을 극복하는 방법으로 어떤 것이 있을까?

거절에 대한 두려움을 극복하는 유일한 방법은 수락의 기쁨을 맛보는 것이다. 사람들이 'No!'라고 말할수록 'Yes!'에 다가가고 있다고 생각하면서 스스로 정신 무장을 하는 것도 좋다.

자신의 가능성을 미리 제한하지 말라

"제가 어떻게 그런 사람들과 어울릴 수 있겠어요." "그들이 인맥을 형성하는 방법은 상상을 초월해요." "그 사람들은 저하고는 수준부터가 달라요." "제가 격이 너무 떨어지는 건 아닐까요?" "저는 그들처럼 골프회원권도 없고 비싼 차도 없어요." "저는 유명 인사도 아닌걸요."
혹시 이런 생각부터 하는 건 아닌가?

모든 사람이 동등하다는 것을 잊지 말자. 자신이 생각하는 이미지는 순전히 정신적인 것이며, 스스로 만든 것이다. 자신의 이미지를 바꾸기 위해 나가서 멋진 옷을 사 입거나 더 나은 사람들과 어울리면서 스스로의 이미지를 바꾸는 방법을 시도해 보라는 의미일 수도 있다. 하지만 자신의 이미지를 갑자기 바꿀 수 없으며, 순식간에 되찾을 수도 없다. 자신감 있는 자신의 이미지를 만들기 위해선 오랜 시간이 걸리고 정신적인 변화와 환경적인 변화가 모두 필요하다.

자신감 형성을 위한 가장 쉬운 방법은 글을 쓰거나 많은 사람 앞에서 말을 해 보는 것이다. 그리고 이러한 일들이 성공을 거두면 어떤 느낌일지 스스로 상상해 보자. 사람들이 당신을 알아보고, 축하해 주고, 공감을 표시할 때 당신의 이미지가 어떻게 바뀔지 생각해 보는 것이다. 이러한 상상은 자부심을 높이는 효과적인 방법이다.

자존감을 높여라

자존감이 낮은 사람은 "나도 나를 좋아하지 않는걸요."라고 말하는 경향이 있다. 대체로 이러한 인식은 그가 성장해 온 주위 환경에서 기인한다. 누군가 당신에게 머리가 나쁘다고, 못생겼다고 한 말을 그대로 믿은 것이다. 부모님이 순간적으로 감정이 격해져서 어린 당신에게 "너는 커서 뭐가 되려고 그러니?"라고 꾸중하면서 당신의 꿈을 좌절시키는 말을 했는지도 모른다. 이 모든 것들이 자존감을 상실한 요인이 될 수 있다.

이런 상황에 대한 최고의 해결책은 바로 주변 환경을 바꾸는 것이다. 당신을 응원해 주고, 지지하고, 있는 그대로 사랑해 주고, 마침내 꿈을 실현할 수 있게 격려해 줄 친구를 찾아라.

당신의 인간관계나 성공을 방해하는 이런 일시적인 장애물을 극복하기 위해서는 끊임없는 노력과 헌신이 필요하다. 이 과정에서 당신은 여러 번 좌절할 수도 있다. 현대 사회에서 항우울제가 그토록 많이 소비되고 있는 것은 이 시간에도 스스로를 고통 속에 가두고 힘들어 하는 사람들이 많기 때문이다.

하지만 당신에게는 내면에서 솟아오르는, 한번 하고자 하면 지칠 줄 모르는 용기가 있다. 수영을 배울 때를 생각해 보라. 처음에는 두려웠지만 곧 물속에 뛰어들어서 팔다리를 젓고, 조금씩 앞으로 나아가지 않던가! 결국 하루 또는 일주일 만에 자신 있게 물속으로 뛰어든다. 자전거를 탈 때도 마찬가지이다.

이러한 교훈은 인맥을 만들 때에도 적용된다. 일단 첫 페달을 돌리기 시작하면, 그 다음 단계로 차례대로 나아가기만 하면 된다.

당신이
극복해야 할 것

관계를 맺는 데 있어 가장 큰 장벽은 결심을 두려워하는 마음이다. 두려움이 생기면 일을 계속 미루게 된다. 한 번 미루기 시작하면 끝이 없고, 긴박한 상황이 되어야만 어떤 조치를 취한다.

치과에 갈 때를 생각해 보자. 처음에는 치통을 참다가 견딜 수 없을 만큼 통증이 심해지면 치과에 가서 충치를 때우거나 치아를 뽑는다. 치과에 가기를 미루는 것은 다름 아닌 두려움 때문이다. 치아에 대한 두려움이 아니라 치과에 대한 두려움이다. 하지만 치료를 마치면 한결 기분이 개운해지고 안도감마저 느낀다. "좀 더 일찍 올걸." 하면서 자책하기도 한다.

이렇듯 지독한 고통에 이르러서야 비로소 방법을 찾아 헤매는 것, 극한에 이를 때까지 결정을 미루게 하는 것은 '두려움'이다. 하지만 관계 맺기에는 이 같은 논리를 적용할 수 없다. 치통처럼 직접적으로 느껴지는 통증이 없기 때문에 무한정 지체될 수 있다. 지체하면 기회는 연기처럼 사라져 버린다.

두려움을 극복하는 유일한 방법은 철저하게 준비해서 자신감을 키우는 것이다. 그리고 작은 행동이라도 끊임없이 반복하면서 결단력을 키워야 한다. '사소한 것일지라도 오랜 시간 자기 원칙을 반복하면 성공에 이른다.'는 짐 론Jim Rohn의 말을 명심하자.

내가 당신에게 약속할 수 있는 것은, 의미 있는 관계를 만들기로 마음먹고 실행에 옮겼다면, 두 번째는 더 쉬워지고 세 번째는 누워서 떡 먹기처럼 쉬워진다는 것이다.

일단 관계를 맺고 나면, 유지를 위해 상대에게 적절한 가치와 이유를 제공해야 한다. 관계가 오래 지속될수록 당신은 더 많은 것을 얻게 된다.

"단지 악수하는 것만으로 20칼로리를 태울 수 있습니다. 우리의 만남은 시작부터 훌륭하지 않습니까?"

천천히 다가가서
친구 되기

어머니들이 어린 아이에게 항상 하는 말이 있다. "빌리, 조니와 친구처럼 잘 지내렴." 어머니들은 인간관계의 핵심을 이미 꿰뚫고 있는 정말 지혜로운 분들이다. 다시 말해, 관계를 맺기 위해서는 우선 친구가 되어야 한다.

단순한 비즈니스 관계가 우정의 관계로 발전할 때 그 관계는 더욱 굳건해진다. 특히 어려운 일을 당할 때 그렇다.

세일즈에서 가격, 배송, 품질, 또는 서비스와 관련된 문제가 생겼을 때 고객과의 관계가 어느 정도냐에 따라 결과가 달라진다.

물론 고객과의 관계가 친밀하다고 해서 중대한 문제를 슬쩍 넘어가도 된다는 의미는 아니다. 평소에 좋은 관계를 유지한다면 문제가 생겼을 때 그 관계가 완충제 역할을 해 문제를 매끄럽게 해결할 수 있다. 우호적이고 가까운 관계에서는 서로의 입장을 솔직히 밝힐 수 있기 때문에 재주문을 받을 때도 큰 영향을 준다.

사실 비즈니스 법칙은 인간관계의 법칙만큼 어렵지 않다. 관계를 만들어서 성장시키려면 오랜 시간과 자양분이 필요하다. 하지만 일단 관계가 형성되면, 비즈니스 세계에서 커다란 역할을 한다.

당신이 거래하고 싶은 고객을 생각해 보자. 그들을 고객으로 만들 수 없었던 가장 큰 이유는 경쟁자가 그들과 더 좋은 관계를 유지하고 있기 때문이다.

이제, 친밀하고 든든한 관계로 이끌어 줄 핵심 아이디어를 소개하겠다.

◆**가치를 제공하라.** 사람들에게 당신에 대한 정보가 아니라 그들에게 도움이 될 가치를 제공할 때 관계가 강화된다. 그들의 비즈니스에 도움이 되는 것을 준비한 다음 연락하라.

◆**진실을 말하라.** 당신이 곤혹스러워지더라도, 사람들에게 진실을 말해야만 관계를 발전시킬 수 있다.

◆**목표를 달성하라.** 달성 가능한 계획을 세워 보기 좋게 해내라. 자신이 예상했던 것보다 더 잘 해내면 자신감을 얻을 수 있다. 세일즈에서는 자신감 있는 사람이 매력적으로 보인다. 고객들은 자신감 있는 사람에게 더 끌리기 때문이다.

◆**지식으로 단단히 무장하라.** 자신의 회사나 상품, 서비스에 대해 잘 알고 있듯이 고객에 대해서도 철저하게 알고 있어야 한다.

◆**해답을 제공하라.** 정보통이 되어야 한다. 사람들이 당신을 일개 세일즈맨

이 아니라 유용한 정보를 제공해 주는 사람으로 기억하게 만들어야 한다.

◆**대화거리를 만들어라.** 사람들은 대화를 통해 가까워진다. 당신이 먼저 이야기를 시작하면, 그들도 자신의 이야기를 한다. 대화를 하다 보면 사적인 부분도 솔직하게 드러내게 되므로 진실한 관계를 형성할 수 있다.

◆**방법을 말하라.** 다른 사람과 일했던 방법을 말해 주고, 앞으로 그들과 어떻게 일할 것인지 말한다.

◆**연관성을 찾아라.** 초면인 사람과 관계를 형성할 때는 우선 서먹함부터 없애야 하므로 서로를 연결해 줄 공통점을 찾아야 한다. 같은 지역 출신이거나 같은 학교, 혹은 같은 직장을 다닌 이야기는 어색한 분위기를 부드럽게 전환시킬 수 있다. 만날 사람에 대한 정보를 미리 알아 두면 대화를 쉽게 시작할 수 있다.

◆**연관성을 활용하라.** 그들의 비즈니스에 도움이 되는 것을 찾아 제공함으로써 감동을 주어라.

◆**개인적인 것을 공략하라.** 그들의 사적인 정보를 진지하고 창의적으로 활용하라.

◆**옆에 있는 존재가 되어라.** 무엇을 반드시 판매해야 한다는 목적을 버리고 순수한 마음으로 친구가 되어라. 그저 그들에게 도움이 되는 정보를 가지고 관계를 만들어 나간다.

◆**친구가 되어라.** 비즈니스 파트너이자 친구가 되어야 한다. 일 외적으로 함께 즐길 수 있는 것을 한다.

이제 더 중요한 비밀들을 밝히겠다. 비즈니스 인맥을 형성할 때 그들에 대한 추가 정보가 더 필요한가? 정보를 얻는 것은 매우 쉽다. 그가 다니는 회사의 영업부에 전화하면 된다. 영업부에서는 회사에 관한 모든 것을 알려 준다.

◆가족과 관련된 힌트

관계 맺기의 성공과 실패를 좌우하는 요소를 알고 싶다면 당신의 가족 관계를 살펴보라. 당신의 어머니, 아버지, 형, 누나, 배우자, 그리고 아이들이 당신이 원하는 모든 답을 쥐고 있다. 당신은 가족과의 관계를 통해 다른 관계에 대한 통찰력을 얻을 수 있다.

◆친구들과 관련된 힌트

가족 관계의 특징에 대해 연구한 후에 친구들과 소통하는 방법에 대해 살펴보자. 곧 비즈니스 관련자들과 대화하는 방식과 친구들과 대화하는 방식이 다르다는 것을 알게 될 것이다. 친구들과 대화를 할 때는 좀 더 편안하고 진실하며, 꾸미지 않은 자연스러움이 있다. 친구들과 대화하듯 편하게 고객들을 대해 보라.

◆현실적인 힌트

당신이 다른 사람들을 대하는 태도는 당신 스스로를 어떻게 대하느냐에 달려 있다. 당신은 어떤 일을 하기 전에 충분히 준비하는가? 새로운 인맥을 만들 자격을 갖추었는가? 인맥을 만들려면 배려심, 전문성, 자신감, 정직함, 성실함을 갖춰야 한다. 당신은 이러한 것들을 갖추고 있는가?

당신이 이 모든 것들을 다 갖추고 있다면, 자기 자신에 대해 생각해 보자. 즉, 당신이 관계를 맺고 싶어 하는 사람들에게 공을 들이는 것만큼 자기 자신에게도 해야 한다.

자신의 능력을 평가해 보고 싶다면 매일 아침 욕실에 들어갈 때 거울 속 자신의 모습을 들여다보라. 거울에 비친 내 모습은 거짓말을 하지 않는다.

인맥은 단순하지만 강력한 효과가 있다. 또한 인간관계를 맺는 과정을 더 쉽고 즐겁게 만든다.

인맥 만들기는 업무 시간 전후에 아무 때나 할 수 있는 선택 사항이 아니라 필수 사항이다. 당신은 출근해서 퇴근할 때까지 비즈니스를 한다. 하지만 비즈니스에서 정말 중요한 일은 업무 시간이 아닌 업무 시간 전후에 일어난다.

당신의 업무 시간에는 인맥 만들기 시간이 포함되어 있는가? 한 달에 10시간씩만 지혜롭게 인맥 구축 활동에 정성을 쏟는다면, 몇 달 후 당신의 실적은 두 배로 성장할 것이라 확신한다. 다음 6개의 법칙이 당신의 인맥 형성 활동을 한층 강화시켜 줄 것이다.

1. 인맥 만들기는 영리하게 하라

제대로 하지 않으면 원하는 결과를 얻을 수 없다. 만일 당신이 "인맥을 만들 때 제가 조금 더 적극적으로 주도하면 좋을 것 같아요.", "네트워킹 행사에 가지만 잠재 고객을 많이 만나지는 못해요."라고 말한다면, 인맥 형성 기본 원칙을 따르고 있지 않거나, 인맥을 제대로 활용하고 있지 못함을 뜻한다. 혹은 둘 다이거나.

2. 달력에 표시하고 참석하라

내 사무실 벽에는 한 해 동안의 모든 행사를 표시해 둔 달력이 있다. 그 옆에는 행사에 관한 팸플릿이나 초대장을 붙여 놓는 작은 게시판이 걸려 있다. 나는 개인적으로 '50명의 법칙'을 따른다. 소수의 인원이 모여 있는 곳이 아니라, 50명 이상의 사람들이 몰려 있는 곳으로 간다.

3. 참석할 행사의 선택도 중요하다

각종 주간 잡지에는 비즈니스 행사를 개최한다는 소식이 게재되고, 상공회의소 홈페이지에는 행사 일정이 계속해서 올라온다. 사회 또는 문화 행사장도 인맥 형성의 중요한 장소이다. 당신이 관계를 맺고 싶은 고객이나 사람들이 갈 만한 행사를 선택하라.

4. 도울 방법을 알아야 한다

사람들은 당신에게 도움을 받기 전에는 당신이라는 사람에 대해 전혀 관심을 갖지 않는다. 따라서 당신이 어떤 일을 하느냐보다는 어떤 도움을 줄 수 있는지를 어필해야 한다.

즉, 잠재 고객에게 당신이 도움을 줄 수 있는 사람이라는 것을 보여 주어야 한다. 사람들의 관심을 끄는 데 성공하면, 다음번에 만날 약속을 잡는 것이 더 쉬워진다. 만날 약속을 잡기 위해 사람들의 관심을 끄는 것, 이것이 바로 인맥 만들기의 목적이다.

5. 행동으로 실천하라

많은 사람들이 네트워킹 행사에 가지만 효율적으로 인맥을 형성하는 방법을 아는 사람은 많지 않다. 네트워킹 행사에 가면 행사장 안을 돌아다니면서 인맥을 만드는 기본 원칙과 방법들을 실천해야 한다. 기본에 충실하면 더 좋은 기회를 얻게 된다. 당신이 할 것이라고는 준비하고, 행사에 참석하고, 교류하는 것뿐이다.

6. 시간을 염두에 둔다

한 사람에게 너무 많은 시간을 쓰거나 행사장에 온 목적을 잊어서는 안 된다. 당신의 목적은 행사장 전체를 돌아다니며 가능한 많은 사람을 만나는 것이다. 한 명의 잠재 고객당 3분이면 충분하고, 1시간이면 20명과 접촉할 수 있다. 한 사람과 5분씩 이야기하면 1시간에 12명과 접촉할 수 있다. 10분씩 할애하면 6명밖에 안 된다. 잠재 고객이 많을 경우에는 단 1분도 헛되게 써서는 안 된다.

행사 규모에 따라 한 사람에게 할애하는 시간이 달라진다. 행사 규모가 크면 한 사람에게 할애할 수 있는 시간이 짧아지므로 아는 사람에게 많은 시간을 쓰지 않는다. 인맥을 만드는 행사를 최대한 활용하려면 시간의 75퍼센트를 모르는 사람들에게 쓴다.

이러한 방법과 원칙들이 나에겐 효과가 있었다. 물론 내 방법이 맞지 않을 수도 있으므로 자신의 스타일과 성격에 맞게 조정하면 효과가 있을 것이다. 인맥은 강력하고 비용 대비 효과가 좋은 프로모션 수단이며, 세일즈 무기이다. 적절히 활용하면 지속적인 비즈니스 성장 기반이 될 것이다.

만일 네트워킹 행사장에서의 인맥 만들기에 대해 의문이 생긴다면 이렇게 생각해 보자.

당신은 100명의 사람들이 모인 장소에 와 있고 2시간 동안 그들과 접촉할 수 있는 시간이 있다고 하자. 당신은 최소 50명의 사람들과 이야기를 하고 대략 30명의 연락처를 얻을 수 있다. 이런 행사장이 아니라면, 50명에게 세일즈 전화를 하고 30명의 연락처를 얻는 데 얼마큼의 시간이 걸릴까?

중요한 사람들을
만나는 방법

대부분의 사람들이 관계를 맺을 때 자신의 방식을 강요하거나, 너무 빨리 들이대는 치명적인 실수를 저지른다. 자신이 누구이고, 무슨 일을 하는지 밝히자마자 기다렸다는 듯이 바로 부탁을 한다. 이것은 '구걸 비즈니스'라고 할 수 있다. 이는 상대방에게 도움이 되지 않으므로, 십중팔구 거절당한다.

또 다른 치명적인 결점은 구걸 비즈니스를 하기 위해 모든 사람에게 과도한 칭찬을 한다는 것이다. 인맥을 만들고 싶다면 관계를 맺고자 하는 사람에 대해 충분히 알아보아야 한다. 그를 도울 뿐 아니라 존중하고, 가치를 제공하기 위해 무엇을 할 수 있는지 생각해 보라. 또한 그들과 어떤 공통점을 갖고 있는지 파악하라. 이렇게 철저하게 계획하고 준비한 다음에 연락해야 한다. 그러나 더 중요한 비밀은 따로 있다.

당신이 원하는 것을 요구하지 말고 언제든 떠날 수 있다는 것을 보여라!

한 세일즈맨이 어떤 CEO와의 인맥을 형성하려고 노력한다고 생각해 보자. 세일즈맨에게는 두 가지 선택이 있다. 세일즈 관계를 맺거나 가치 관계를 형성하는 것이다. 세일즈 관계란 무언가를 팔려고 전화를 걸고, 이메일을 보내고, 상품 안내서를 보내고, 약속을 잡고, 세일즈를 성사시키기 위해 노력하는 것을 말한다.

가치 관계는 이와 반대다. 그 CEO 회사의 제품에 관심을 가질 만한 당신의 인맥을 먼저 확인한 다음 월요일에 그 회사의 잠재 고객 정보를 영업부에 팩스로 보낸다. 그리고 그 회사의 영업부 직원에게 그 정보를 세일즈에 이용하라고 전화한다. 화요일에도, 수요일에도, 그리고 목요일에도 이를 반복한다. 하지만 금요일에는 팩스를 보내는 대신 그 CEO의 비서에게 전화를 건다. 당신이 그동안 잠재 고객 정보를 보낸 준 사람이라고 밝히고, 다른 세일즈 문의 정보가 또 있는데 이번에는 직접 CEO와 만나 전해 드리고 싶다고 말하는 것이다.

"사람들은 강아지를 아주 좋아해요. 그러니 당신의 이름을 '뽀삐'로 바꾸세요. 이제 사람들을 만날 때 그들의 얼굴을 핥으면 더 친해질 수 있어요. 하지만 절대 침을 흘려선 안 돼요."

효과적인
30초 개인 광고 만들기

개인 광고의 목적은 무엇인가? 잠재적인 관계를 이끌어 내기 위한 것이다. 궁극적으로는 잠재 고객에게 가치 있는 정보를 제공해 그들의 관심을 끄는 것이다.

나는 가끔 '엘리베이터 스피치' 또는 '칵테일 광고'를 '30초 개인 광고'라고 부른다. 텔레비전에 나오는 광고를 떠올리면 이렇게 이름 지은 이유를 더 잘 이해할 수 있을 것이다. 어떤 광고는 사람들의 관심을 끌기도 하지만, 대부분의 광고는 그렇지 못하다.

마찬가지로 30초 개인 광고의 목적도 '관심 끌기'이다. 당신은 이야기를 할 때 사람들의 흥미를 끌고 관심을 이끌어 낼 수 있는가? 30초 광고를 마친 후에 사람들의 반응을 보면 성공 여부를 판단할 수 있다.

30초 개인 광고를 마친 후에는 당신과 그들의 공통점을 알아내기 위해 질문을 할 차례이다. 고향, 대학, 자녀, 스포츠 팀, 컴퓨터에 대한 이야기를 하라. 30초 광고를 통해 상대방의 관심을 끌고 공통점을 발견한다면, 약속 잡기가 쉬워지고 결과적으로 고객을 확보할 수 있다.

개인적으로 나는 상대방에게 질문을 먼저 한 후에 개인 광고를 한다. 내 자신에 대해 말하기 전에 상대방을 알고 싶다. 나의 방법은 내 자신에 대해 먼저 말하지 않고도 사람들의 관심을 끄는 데 노련하기 때문에 가능한 것이다.

어떤 방식으로 자신에 대한 광고를 하든 자신이 어떤 일을 하는지 상대방에게 명확히 전달하는 것이 중요하다. 애매모호하게 말하면 상대방은 당신이 다단계 회사에 다닌다고 생각할 수도 있다. 그들에게 무엇을 말하든 자부심을 갖고 열정적으로 말하라. 30초 광고의 비밀은 바로 30초의 시간 엄수!

FREE GIT BIT

30초 개인 광고의 예시와 전략을 보고 싶다면 www.gitomer.com에 등록하고, GitBit 박스에 'EXAMPLES'라고 쳐 보세요.

역발상
개인 광고

당신이 수백 명의 사람들, 즉 수백 명의 잠재 고객으로 가득한 대규모 행사장에 와 있다고 상상해 보자. 지갑에는 명함도 두둑이 채웠고, 상품에 대한 지식으로 단단히 무장했다. 쑥스러운 말이지만 스스로도 꽤 멋져 보인다고 생각한다. 한마디로 당신은 준비되어 있다.

이제 행사장을 돌아다니며 사람들을 두루 살펴보라. 맛있는 음식과 음료도 있고, 떠들썩한 축제 분위기에 저알콜 음료도 있고, 대단한 비즈니스 기회가 눈앞에 있다. 당신은 이 기회를 어떻게 활용할 것인가?

잠재 고객과 행사장 밖에서 약속을 잡으려면 그들의 관심을 끌어야 한다. 당신의 전략은 무엇인가?

당신의 성공은 두 가지에 달려 있다. 친밀감을 만드는 당신의 기술과 인맥 만들기 전략!

흥미롭게도 이 둘은, 당신이 맺고 있는 인맥을 최대한 활용하고, 동시에 활용할 수 있게 서로 '전략적'으로 연결되어 있다.

내 경우를 보면 쉽게 이해할 수 있다. 나의 전문 분야는 세일즈 교육인데, 상황에 맞게 활용할 수 있는 개인 광고를 준비해 두고 있다. "안녕하세요. 저는 제프리 지토머입니다. 우리 회사는 세미나와 인터넷을 통해 세일즈맨 교육 서비스를 제공하고 있습니다. 저희 회사는 세일즈 교육 부문에 있어서 세계적인 회사 중 하나입니다."라고 소개할 수 있다. 또는 유명 고객 회사의 이름을 언급한 뒤 상대방에게 그 회사에 브로슈어를 보내 보라고 제안할 수도 있다.

하지만 상대방이 어떤 일을 하는지, 그리고 내 도움이 필요한지 아닌지도 모르는 상황에서 이런 식으로 자신을 소개하는 것은 전혀 효과적이지 않다. 그렇다면 어떤 방법이 효과적일까?

빠른 주목을 이끌어 내고 놀라운 결과를 가져다 줄 내 방법을 소개하겠다.

나는 관심이 있는 사람에게 먼저 다가가서 그들의 이름표를 보고, 그들이 나의 잠재 고객이 될 수 있는 가능성, 이를테면 그 사람이 CEO이거나 영업 담당 임원, 또는 영업 관리자인지 확인한다. 그런 다음 내 이름을 소개하고 직접적인 질문으로 대화를 시작한다.

"안녕하세요. 저는 제프리라고 합니다. 당신 회사의 영업 직원 중에서 작년에 영업 목표를 달성한 직원이 얼마나 됩니까?" 이 질문은 즉각적으로 잠재 고객에 대해 파악할 수 있게 해 준다. 이 질문이 조금 불편하게 들릴 수도 있지만, 그의 대답을 통해 그가 회사의 의사 결정권자인지 아닌지도 알 수 있다. 또한 이 질문은 그들에 관한 것이지만, 내가 원하는 방향으로 대화를 이끌 수 있다.

이 질문에 대한 대답에 따라 내 질문의 방향도 달라진다. 기억하라, 이는 전략이지 세일즈 판촉이 아니다. 만일 "70퍼센트가 목표치를 달성하지 못했습니다."라고 답변하면, 나는 다음과 같이 미리 준비한 질문들을 던질 것이다. "정말 상황이 좋지 않군요." "원인이 무엇이라고 생각하십니까?" "그럼 올해는 어떤 방법으로 목표를 달성하실 계획인가요?" "목표 달성에 따른 금전적 보상이 있나요?" "목표를 달성하지 못하면 누가 책임을 집니까?" "사람이 문제인가요, 아니면 시장이 문제인가요?" "올해보다 나은 성과를 내려면 내년에는 어떤 계획을 세우실 건가요?" "직원들이 성과를 낼 수 있도록 어떻게 지원하고 있습니까?"

이에 대한 그들의 답변이 어떤 것이 나오더라도 나는 대화를 이끌어갈 25개의 질문을 준비해 두고 있다. 그리고 그들이 자신의 소개, 즉 개인 광고를 먼저 하도록 만든다.

이런 질문으로 대화를 이어 간 다음에는 마무리를 할 차례이다. "존스 씨, 흥미로운 과제에 대해 이야기를 나눈 것 같습니다. 제가 당신의 문제를 해결하는 데 적합할지 모르겠습니다만, 다음 주에 아침 식사를 같이 하는 것은 어떨까요? 문제에 대해 조금 더 자세히 이야기를 나눠 보고 제가 도움을 드릴 수 있는지 알려 드리겠습니다. 물론 도움을 드릴 수 없어도 솔직히 말씀 드리고 문제 해결을 도울 수 있는 사람을 추천해 드리겠습니다. 어떠신가요?"

이런 방법으로 잠재 고객과 약속을 잡는 데 2분도 걸리지 않는다. 이때 잠재 고객이 대화의 80퍼센트를 주도하도록 한다. 약속을 잡았다면, 다음 상대를 찾아 자리를 뜬다.

나는 대화 중에 내 이름의 성이나 회사의 이름조차 말하지 않았다. 내가 얼마나 오랫동안 이 분야에서 일해 왔고 잘난 사람인지, 유명한 내 고객들을 내세우지도 않았다.

내가 힘주어 말한 것은 "제가 도움을 드릴 수 있는지 알려 드리겠습니다. 물론 도움을 드릴 수 없어도 솔직히 말씀드리겠습니다. 어떠신가요?"이다.

나는 새로운 사람들을 만날 때나 네트워킹 행사에서 내 자신을 소개하기 위해 수년에 걸쳐 30초 개인 광고 문구를 만들어 왔다. 한 번 만든 개인 광고를 계속 사용하지만, 수정하고 보완해 가면서 쓰고 있다. 이 광고는 기본적으로 내 자신을 광고하기보다는 대화에 참여하기 위해 사용된다. 알다시피 사람들은 광고를 건너뛰고 바로 정규 방송을 보려 한다. 아마 당신도 드라마를 볼 때 그럴 것이다. 그래서 나는 2분 내에 내 개인 광고를 마치고, 자신들의 문제를 분석할 기회를 주어야 한다는 것을 깨달았다. 그런 방법으로 나는 수많은 해결책을 제시할 수 있었다.

나는 당신에게 내가 인맥을 만들 때 사용하는 방법을 알려 주었다. 이제 당신과 당신의 비즈니스에 이를 적용하고 실행할 차례이다.

개인적인 정보를 활용해 관계를 맺고
세일즈로 연결한다

장기적인 관계를 형성하고 고객의 기억에 남는 서비스를 제공하려면, 잠재 고객 및 고객에 대한 개인적인 정보를 많이 알아야 한다. 개인적인 정보란 고객에 대해 파악할 수 있는 정보를 말하는데, 이는 세일즈를 성사시키는 데 도움이 된다.

무엇이 당신의 고객과 잠재 고객의 마음을 사로잡는지 알고 있는가? 실적이 좋은 세일즈맨들에게 비결을 물어보면 두 가지 답변이 나온다. 바로 긍정적인 태도와 고객의 정보로 빼곡히 담긴 컴퓨터이다.

'맥케이 66의 법칙Mackay 66'이라는 것이 있다. 세일즈에서 잠재 고객들의 개인 정보 수집이 중요함을 강조하면서 관심을 불러일으킨 이 법칙은 잠재 고객들에게 66개의 사적인 혹은 비즈니스와 관련된 질문을 해서 고객 정보를 수집하는 방식이다.

이 법칙이 잘 활용되려면 질문을 통해 얻는 정보가 정확해야 하고, 이 정보들을 좋은 쪽으로 활용할 때에만 그 정보들이 의미가 있다.

그렇다면 당신은 이 모든 정보를 어떻게 얻을 것인가? 정보는 오랜 시간에 걸쳐 자세한 것들을 수집해야 한다. 관계의 발전 속도에 맞춰 한 번에 조금씩, 그리고 꾸준히 모아야 한다. 고객에 대한 정보는 여러 경로, 즉 회사의 비서, 직원, 팸플릿, 연간 보고서 등 모든 것이 좋은 정보원이 될 수 있다. 그리고 끊임없이 이 정보들을 기록해 두어야 한다.

사람들은 자신이 좋아하고 자신과 관련 있는 사람들과 관계를 맺으려 한다. 상품 구매도 마찬가지이다. 당신이 확보한 정보를 고객의 기억에 남을 만한 방법으로 유용하게 활용할 수 있다.

만일 당신이 "그건 너무 성가신데. 그런 정보 없다고 실적 못 올리나?"라고 생각한다면, 이 점을 명심하자. 당신의 경쟁자는 분명 이러한 전략을 사용하고 있다.

네트워킹은
스마트하게

네트워킹, 즉 인맥을 만드는 것은 즐거운 일이다. 그러나 많은 세일즈맨들이 여전히 인맥을 통하기보다는 방문 판매나 전혀 즐겁지 않은 판촉 전화에 열을 올린다는 것이 수수께끼처럼 느껴진다.

당신이 영리하게 네트워킹을 활용한다면 세일즈, 그것도 '큰 건'을 하는 것이 어려운 일이 아님을 알 것이다.

네트워킹의 과학을 활용하는 것은 누구에게나 큰 도전이다. 어렵다고 생각하지 말고 쉽게 생각하는 것이 핵심이다. 우선 당신이 가장 효과적으로 네트워킹, 즉 인맥을 만들 수 있는 곳을 찾아낸다. 잠재 고객이나 고객이 참여하는 행사에 가는 것도 좋은 방법이다.

네트워킹을 효율적인 세일즈 도구로 만들기 위해서 스스로에게 아래의 질문을 해보자.

- 나는 인맥 만들기 5개년 계획을 갖고 있는가?
- 내게 유용한 조직 또는 집단들의 리스트를 갖고 있는가?
- 내가 반드시 접촉해야 할 중요한 사람들은 누구인가?
- 인맥 만들기에 얼만큼의 시간을 투자해야 하는가?
- 나는 30초 개인 광고를 만들어 평소에 연습하는가?
- 내가 기대하는 결과는 무엇인가?

당신을 성공으로 이끌어 줄 실질적인 인맥 만들기 방법이 있다.

- 바로 당신! 성공적인 인맥을 만드는 데 필요한 최고의 자원은 바로 당신이다.
- 먼저 주어라. 원하는 것을 얻으려면 대가를 바라지 않고 먼저 주어야 한다.
- 참여하라. 호랑이를 잡으려면 호랑이 굴로 들어가야 한다. 그들이 있는 곳에 참여해야 한다. 그리고 실천하는 사람이라는 인식을 주어라.
- 한결같아야 한다. 모임이나 행사에 정기적으로 참석하라. 당신은 한결같은 사람으로 알려질 것이다.
- 결실을 거두어라. 사람들이 당신이 누구이며, 진실한 사람이라는 것을 알게 되면 기꺼이 당신과 비즈니스를 할 것이다.

이제 네트워킹 행사에서 잠재 고객을 발굴하고 그들의 연락처를 얻을 수

"물론 당신을 기억하고말고요. 어젯밤 행사에서 있는 힘껏 악수를 했던 그분 아니십니까."

있는 12단계를 알려 주겠다.

1. 당신이 만나고 싶은 사람들을 정한다.

2. 그들에게 말을 건넨다.

3. 그들로부터 당신이 알고 싶은 정보를 얻는다.

4. 그들이 당신이 하는 일에 관심을 갖게 만든다.

5. 명함을 받는 즉시 뒷면에 분류해 둔다.

   이를테면 A—내 상품을 원함, B—내 상품을 필요로 하는 사람을 알고 있음, C—가치 있는 상대, D—전문적인 상대, E—사교적으로 만날 상대, F—도움이 안 되는 상대

6. **그 만남을 평가하라.** 잠재 고객이라면 언제 구매할 것 같은지 등

7. 친밀한 관계를 형성하고, 서로의 공통점을 찾아 친구가 된다.

8. 그들이 당신에게 알려 준 정보를 기억한다. 대화를 마치는 대로 그들이 준 명함 뒤에 적는다.

9. 다음 약속을 잡는다.

10. 당신의 명함 뒷면에 방금 잡은 약속을 적어 잠재 고객에게 건넨다. 그리고 잠재 고객에게 받은 명함에도 약속을 적어 놓는다.

11. 다음 잠재 고객에게 이동한다.

12. 명함에 적은 약속이 아직 유효한지 확인하기 위해 행사가 끝난 후 24시간 이내에 연락한다.

네트워킹 행사에 참석한 사람들 모두가 세일즈를 원한다! 잠재 고객에게 세일즈를 하기 위해서는 당신도 그들에게 정보를 제공하고 자신의 인맥을 소개해야 한다. 즉 인맥 만들기에 성공하려면 두 가지 역할을 모두 잘해야 한다.

원하는 것을 얻기 위한 핵심은 실행하는 것이다. 나는 당신이 원하는 것을 파악할 수 있는 명확한 방법들을 제시했다. 이를 위해 당신이 해야 할 것도 자세히 알려 주었다. 승리를 위해 실천해야 할 행동 계획을 세우고 시간을 투자하라. 이를 당신 자신의 성공을 위한 약속으로 생각해야 한다. 자신과의 약속을 일주일에 최소 3개를 만들고 약속 수행에 1시간씩 투자한다. 이 약속을 꾸준히 실행한다면, 성공을 위해 투자할 수 있는 시

좋은 일은 원하는 것을 얻기 위해 끝까지 인내하고

변함없는 사람에게 찾아온다.

-제프리 지토머

간을 1년에 150시간씩 갖게 되는 것이다.

이 시간의 절반은 당신의 성공에 중요한 역할을 하는 사람과 일대일로 만나는 데 쓴다. 나머지 시간에는 글을 쓰거나 이메일 매거진을 만들고, 다른 사람들에게 가치 제공자로서 해야 할 일들을 한다.

접촉을
관계로 전환하기

관계를 만들고 굳건하게 다지는 데 가장 중요한 두 가지 방법은 작지만 개인적인 것을 선물하거나 호의를 베푸는 것이다.

여기서 키워드는 '개인적인'이라는 단어이다. 지난 한 해 나는 고객들이 자녀들이나 손자 손녀들에게 읽어 줄 수 있도록 작가의 서명이 들어간 동화책을 선물했다.

동화책을 선물하면서 내가 받은 감동은 말로 표현할 수 없을 정도이다. 그건 고객들도 마찬가지다. 어떤 고객은 두 장이 넘는 감사 편지를 보내기도 했다. 동화책 선물을 하는 데 20달러도 채 들지 않지만 이 '개인적인'이라는 단어가 주는 가치는 값을 매길 수 없다. 이렇듯 감동은 인간관계를 더욱 굳건하게 만든다.

이처럼 당신의 고객이 좋아하거나 열정을 갖고 있는 것을 활용해 감동을 다른 사람들과 자신에게 약속한 것은 반드시 이행하라.

가치를 제공하고 인간관계를 구축하라.

설사 당신이 돌려받는 것이 없더라도 그렇게 하라.

―제프리 지토머

주어라. 예를 들어, 골프를 좋아하는 고객과 골프를 하러 나가는 대신, 점심시간에 골프 연습장에서 고객과 약속을 잡는다. 그리고 프로 골퍼를 고용해 고객이 레슨을 받을 수 있게 한다. 당신이 배달된 점심 식사를 하는 동안 당신의 고객은 타격 자세도 교정하고 스코어도 향상시킬 수 있는 방법을 배운다. 100달러도 안 되는 돈으로 당신은 고객에게 놀라운 추억과 깊은 인상을 심어 줄 수 있다.

장담컨대, 당신의 고객은 입에 침이 마르도록 사람들에게 이 얘기를 할 것이다. 게다가 당신과 점심 약속을 잡기 위해 고객들로부터 전화가 끊이지 않을 것이다.

당신이 고객에게 약속한 것 이상을 행동으로 보여 준다면, 비즈니스 관계는 더 굳건해진다. 예를 들어, 당신이 장비를 판매하는 일을 하는데 배달과 설치는 다른 부서 직원이 담당한다고 하자. 그러면 고객에게 미리 알리지 말고 장비가 배달될 때 깜짝 방문을 해서 직접 소매를 걷어붙이고 설치를 도와라. 작은 행동이지만 고객에게 감동을 줄 수 있다. 결과적으로 당신은 또 다른 세일즈를 성사시키고 재주문을 받게 될 것이다.

5

Part 5 어떻게 관계를 맺을 것인가?

어디에서
관계를 맺을 것인가?

세일즈 판촉 전화로 어떻게 인간관계를 맺을 수 있는가? 인맥 형성에 세일즈 판촉 전화보다 나쁜 방법도 없다. 혹시 경찰관공제조합이나 소방관협회에서 기부를 요청하는 전화를 받아 본 적이 있는가? 이런 전화들은 진실성이 느껴지지 않아 성가시며, 심지어 사기 전화일 때도 있다. 그래서 이런 전화를 받으면 그냥 끊어 버린다.

당신이 통신 회사에서 근무하며, 누군가에게 전화를 걸어서 다음과 같은 질문으로 대화를 이끈다고 가정해 보자. "존스 씨, 전화기에서 가장 활용도가 떨어지는 기능 세 가지가 무엇인지 아십니까?"

이 전략을 사용하면 전화를 받는 사람 중 절반 정도는 대화에 참여할 것이며, 당신이 어떤 상품을 팔려고 노력할 때보다 훨씬 많은 관심을 이끌어 낼 것이다. 왜냐하면 판매와 관련된 말을 꺼내기도 전에 사람들의 경계심을 무너뜨림과 동시에 관심을 끌었기 때문이다.

네트워킹 행사장에서 인맥을 만드는 방법

네트워킹 행사는 당신에게 '비즈니스 파티'가 될 수 있다. 사무실에 있을 때보다 행사장에 있을 때 사람들은 더 활기차고 우호적이다. 그러나 상공회의소의 행사 같은 곳은 물건 판매에만 열을 올리지 구매에 관심이 없기 때문에, 인맥 만들기에는 좋은 장소가 아니다.

그럼에도 불구하고 세일즈 판촉 전화나 방문 판매보다는 낫다. 하다못해 잠재 고객과 직접 대면하고 그들과 인맥을 만들 수 있기 때문이다. 운이 좋으면 한 회사의 경영자를 만날 수도 있다. 이런 행운을 일회성 만남 이상으로 만들기 위해서는 준비가 있어야 한다. 그 준비란 자신이 어떤 사람인지 얼마나 유능한지 과시하는 태도가 아니라, 그들에게 필요한 것이 무엇인지를 찾아내야 한다. 또한 그들의 관심을 끌기 위해서 당신이 어떤 도움을 줄 수 있는지 보여 주어야 한다. 이것이 인간관계를 지속적으로 유지할 수 있는 방법이다.

인맥 만들기를 게임으로 생각한다면, 게임 전략이 있기 마련이다. 즉, 인맥은 천천히 다가갈수록 더 많이 얻을 수 있다. 상대방을 많이 알수록 더 많이 가질 수 있다. 많이 준비할수록 더 획득할 수 있다.

하지만 당신이 누구인지, 당신의 상품과 서비스가 무엇인지 말해서는 안 된다. 첫째는 그것이 기정사실이고, 둘째는 아무도 그것에 대해 듣고 싶어 하지 않기 때문이다.

사람들은 도움을 얻기 위해 네트워킹 행사에 간다. 당신도 다른

어떻게 하면 사람들이 나와 인맥을 만들어

도움을 받을 수 있는지 스스로에게 질문하라.

이는 네트워킹 행사장뿐만 아니라

언제 어디서 누구와 관계를 맺든 사용할 수 있는 전략이다.

— 제프리 지토머

사람에게 도움이 될 수 있도록 늘 준비하고 있어야 한다.

비즈니스 행사장에서 인맥을 만드는 방법

비즈니스 행사장에는 당신 혹은 당신의 회사와 관련된 분야의 사람들이 모인다. 그러므로 비즈니스 행사는 네트워킹 행사와 다르다.

회계사나 변호사, 제조업 종사자들은 서로의 경험을 교환하고 새로운 정보를 얻기 위해 비즈니스 행사장에 모인다. 이곳에 모인 사람들 중에는 비즈니스 상대를 구하려는 사람도 있지만, 대부분은 경쟁 관계에 있는 사람들이다.

이런 종류의 행사장에서 인간관계를 맺는 비결은 매우 간단하다. 평범한 수준의 비즈니스맨들이 잘 모르고 있는 각종 사업상의 이슈나 업계 소식들을 미리 파악해 두었다가 그 내용들을 공유하면서 그들의 관심을 끄는 것이다.

이때 설명식의 말투보다는 질문 형식으로 이야기를 주고받는 것이 좋다. "……에 대해 들어 보신 적 있습니까?", "……에 대해 아십니까?", "……가 당신의 비즈니스에 어떤 영향을 끼칩니까?" 등등. 다른 사람의 지혜나 경험, 또는 조언을 구하면, 인맥을 만들어 나가는 과정이 더 쉬워진다. 사람들은 자신이 알고 있는 것, 자신의 의견에 대해 말하기를 좋아하기 때문이다. 그렇게 말해 준 것들을 당신의 상황에 어떻게 적용할 수 있는지 곰곰이 생각해 내면 되는 것이다.

상대에 따라서 당신의 지칠 줄 모르는 잡담에 흥미를 느끼는 것처럼 보일 수도 있다. 하지만 흥미를 느끼는 것처럼 보이는 것과 예의 있는 행동을 혼동해서는 안 된다. 어쩌다 당신 수다의 덫에 걸린 사람은 예의상 당신의 이야기를 듣겠지만, 다음번에 당신은 기피 대상 1호가 될 수 있다. 하지만 사람들의 의견이나 경험을 물으며 대화를 이끈다면, 세상 어디에 있더라도 좋은 인간관계를 맺을 수 있다.

친목 모임에서 인맥을 만드는 방법

여기에서 핵심 단어는 '친목'이다. 친목을 다른 말로 표현하자면 '가볍게 유지되는 인간관계'쯤 될 것이다. 비즈니스를 위해 친목 모임을 찾는 사람은 거의 없다. 그리고 모임의 성격에 따라 어떤 사람은 살짝 취한 상태일 수도 있다.

이런 모임에서는 그 시간 동안만이라도 사교적으로 대화에 참여하고 친구를 사귀려고 하는 것이 좋다. 당신 주위에 앉은 사람들이나 같은 무리 속에 있는 사람들, 또는 소개받은 사람들 모두 당신의 친구가 될 수 있다. 이들과 인맥을 만들고 싶다면 명함을 건네라. 그들도 명함을 건넬 것이다. 하지만 그들이 하는 일의 성격에 따라 명함이 없을 수도 있다.

내 경험으로 보면, 지위가 아주 높은 사람들은 명함을 갖고 다니지 않는다. 그럴 땐 당신의 휴대전화 번호가 적힌 명함을 주어라. 언젠가 그들이 당신을 필요로 할 때 찾기 쉽게 하는 것이다.

모임이 끝난 뒤에는 당신이 만나고 싶은 사람을 이어 줄 사람을 찾아보라. 모임의 주최자는 모든 참석자들의 연락처를 갖고 있다. 따라서 주최자에게 도움을 요청하는 것도 적절한 방법이다.

친목 모임에서 새로운 인맥을 만들고 싶다면, 술을 멀리하라. 많이 취하지 않았다 해도 취한 상태로 무언가 시도하려고 하면 안 좋은 인상을 심어 줄 수 있다.

그래도 술을 마셔야겠다면, 당신 경쟁자의 명함을 나눠 주어라.

세미나에서 인맥을 만드는 방법

입장료를 내는 공개 세미나에 참석하는 이유는 새로운 것을 배우기 위해서이다. 그곳에 참석한 사람들도 당신처럼 뭔가를 배우러 왔기 때문에 새로운 것을 받아들이려는 열린 자세를 갖고 있으며, 새로운 사람들과의 만남에도 긍정적이다. 그러므로 될 수 있는 한 많은 세미나에 참석하고 각 세미나에서 최소 열 명 이상의 사람들과 만날 것을 권한다.

나는 세미나에 참석할 때마다 중요한 사람을 만났고, 때로 아는 사람을 만나서 관계를 더욱 돈독히 했다.

세미나 장소에 있는 모든 사람들은 세미나의 주제를 알고 있고, 세미나 발표자와 공통점을 갖고 있다. 가치 있는 정보를 교환하는 것은 당신을 비롯해 세미나에 참석한 사람들이 가장 중요하게 여기는 부분이다. 그러므로 당신은 세미나 참석자 누구와도 불시에 세미나 주제에 대해 대화를 나눌 수 있다.

지인과 함께 세미나에 참석할 때는 되도록 떨어져 있어야 새로운 사람을 만날 기회가 많다. 세미나에서 만난 사람들과 대화를 나누다 보면 자연스럽게 나중에 만날 약속을 잡을 수 있다. 잘만 하면 발표자와도 약속을 잡을 수 있다.

내가 세미나에서 발표를 할 때면 참석자들은 나에게 공항까지 가는 차편이 필요한지, 혹은 다른 도움이 필요한지 물어본다. 이런 방법으로 나와 관계를 맺을 수 있기 때문이다. 관계를 맺는 입장에서 말하자면, 이 방법은 매우 잘 먹힌다! 나는 공항까지 태워다 주거나 점심 대접을 해 준 것을 고맙게 생각하고, 그들은 이런 기회를 통해 나와 관계를 맺은 것을 좋아한다.

골프 코스에서 인맥을 만드는 방법

대부분의 세일즈맨들은 고객의 사무실에서 1시간가량 세일즈 판촉 활동을 할 수 있게 훈련을 받는다. 하지만 골프 코스에서 5시간 동안 세일즈 판촉 활동을 하도록 훈련을 받지는 않는다. 골프 코스에서는 당신의 모든 것이 노출된다. 당신의 매너, 윤리관, 게임 상식, 그리고 개인적인 습관까지 당신에 관한 많은 것들이 여지없이 드러난다. 당신과 골프를 같이 한 사람은 당신의 라운드 스코어는 기억하지 못하지만, 당신이 3번 홀에서 저지른 부정행위는 오랫동안 기억할 것이다.

당신이 골프를 칠 때 보인 행동이 당신의 이미지로 굳어지는 것이다. 고객들은 이런 이미지를 근거로 당신과 비즈니스를 할 것인지 말 것인지 결정한다.

골프 코스는 잠시 일에서 벗어나 휴식을 취하고 인맥을 만들 수 있는 장소이다. 당신의 이미지나 행동이 지나치게 강하면 관계를 맺기가 어렵다.
골프 게임이 아니라 인맥 만들기에 집중해야 한다.

술집에서 인맥을 만드는 방법

술집에서 관계를 맺으려다 거절당한 적이 있는가? 거절당했다고 해서 당신이 부족하다거나 매력적이지 않다는 것은 아니다. 당신이 똑똑하지 않거나 가치가 없는 것도 아니다.

단지 당신의 커뮤니케이션 기술이 상대방의 공감을 끌어내기에 서투르거나 부족했을 뿐이다. 즉 '형편없는 작업 실력' 때문이다. 당신의 커뮤니케이션 기술이 평균 이하일 수 있다는 것이다.

내가 이런 사례를 드는 이유는 누구나 술집에서 거절하거나 거절당한 경험이 한 번쯤은 있다고 생각해서이다. 당신의 첫마디로 관심을 끌어내고 설득력이 있어야 한다. 그렇지 않으면 바로 거절당한다.

이는 술집뿐만이 아니라 비즈니스에서도 마찬가지이다. 친근하게 다가가고, 관심을 끌고, 유머 감각이 있고, 자신감 있고, 진실해야 한다. 바보처럼 행동하면 거절당하기 마련이다.

음식점에서 인맥을 만드는 방법

나는 사람들과 일상적인 대화를 나누는 것을 좋아한다. 음식점에 식사하러 가면 주위를 둘러보고 아는 사람이 있는지부터 확인한다. 유명한 음식점에는 항상 사람들이 줄을 서 있기 때문에 가끔 아는 사람을 발견하곤 한다. 잘 아는 사람이라면 잠깐 가서 인사를 하는 것이 좋다. 마침 내가 모르는 사람도 있다면 새로운 인맥을 만들 좋은 기회가 되기도 한다. 서로 공통적으로 아는 사람이 옆에 있는 만큼 돈독한 관계를 만들 수 있다. 인사를 나눌 때 명함도 같이 건넨다. 그들의 명함을 받지 못하더라도 상관없다.

어느 날 저녁 식사를 하러 갔다가 아메리칸익스프레스여행사의 담당자가 맞은편에서 식사를 하고 있는 것을 발견했다. 나는 그녀에게 다가가 인사를 건넸다. 그녀는 함께 식사를 하고 있던 베니 파슨스Benny Parsons의 아내를 내게 소개해 주었다. 그녀의 남편은 초창기 스톡카stock car, 일반 승용차를 개조한 경주용 차 드라이버 중 한 명으로, 현재는 NASCAR미국개조자동차경기연맹 명예의 전당의 회원이다.

나는 그녀에게 남편의 팬이라고 말하고, 내 명함과 사인한 책을 선물로 주었다. 그리고 그녀의 남편이 옛날 사진에 사인해서 줄 수 있는지 물었다. 그로부터 3일 후에 다섯 장의 멋진 사진이 내 앞으로 배달되었다.

이렇게 말하려고 했나? "제프리, 하지만 저는 책을 낸 적이 없어요." 나도 45년간은 사인해서 나눠 줄 책이 없었지만 그래도 수많은 인간관계를 맺어 왔다. 웨이터를 통해 와인 한 잔이나 디저트를 대접하는 것은 어떤가? 나는 심지어 사람들 모르게 음식 값을 계산하기도 했다. 그들은 내가 식당을 떠나고 난 뒤에야 웨이터를 통해 그 사실을 알게 된다.

야구장에서 인맥을 만드는 방법

스포츠 경기에 사람들을 초대해서 그들의 옆 좌석에 앉는 재치를 발휘하라. 그들과 두세 시간을 같이 보내면서 돈독한 관계를 맺을 수 있다. 또한 그들과 같은 스포츠 경기를 본다는 공통점을 갖게 되므로 거기서부터 대화를 시작하면 된다. 즉, 야구 경기에 대한 내용으로 대화를 시작하라.

나는 항상 나와 관계를 맺고 있는 사람들이 갈 만한 경기에 관심을 갖는다. 얼마 전 기업 중견 관리자들과 대화를 나누다가 아버지를 따라 처음 야구장에 갔던 이야기를 하게 되었다. 사람들이 그때의 일을 마치 얼마 전 일처럼 기억하는 것을 보고 매우 놀랐다. 40~50년 전 일을 아직까지 선명하게 기억하고 있다니 얼마나 대단한가! 당신에게도 그런 경험이 있다면, 어느 좌석에 앉았는지 어떤 팀의 경기였는지 기억할 것이다. 게다가 아버지와 함께 경기를 관람했다는 것을 분명히 기억할 것이다.

내가 첫 번째로 관람한 경기는 1954년 쉬브 파크_{Shibe park. 후에 코니맥 스타디움으로 바뀜}에서 열린 필라델피아 애슬레틱스와 보스턴 레드삭스의 야구 경기였다. 그날은 매우 화창한 일요일이었고 아버지와 나는 삼루 쪽 아래층에 앉았다. 그날 경기에서 진 팀은 애슬레틱스였다. 1회 말, 전설적인 테드 윌리엄스_{Theodore Williams}가 타석에 들어와 경기장 밖으로 공을 쳤지만 애석하게도 파울볼이었다. 그러나 다음 타석에서는 홈런을 날렸다. 그는 내가 응원하는 팀의 선수가 아니었지만 나는 몰래 그를 응원했다. 그날 이후 나는 열렬한 야구 팬이 되었다.

부모님과 스포츠 경기를 처음으로 관람했던 날을 기억해 보라. 사람들과 이런 경험을 공유하면 그들과 감정적인 교류를 나눌 수 있다. 또한 그때의 기억을 떠올리며 슬며시 미소 지을 수 있지 않은가.

누구와
관계를 맺을 것인가?

동료와 관계를 만드는 방법

러셀 콘웰Russell Conwell의 《나의 다이아몬드는 어디에Acres of Diamonds》를 읽어 보면 가장 좋은 다이아몬드 원석은 뒷마당에 묻혀 있다는 것을 알게 된다. 사실 우리는 동료들에 대해 피상적으로만 알지 그들이 어떤 생각을 하고 있는지 알 기회가 별로 없다. 굳이 시간을 내서 직장 동료의 배우자가 어떤 일을 하는지, 어떤 사람들과 인간관계를 맺고 있는지 알아보려 하지 않는다.

하루에 15분 정도 시간을 내서 당신의 동료들에 관해 알려고 노력하라. 학교, 고향, 또는 유년 시절 활동 등에서 공통점을 찾는다면 동료들과의 관계가 지금보다 열 배는 깊어질 것이다. 일주일에 한 사람과 연락해도 다음 해에는 50명의 새로운 인맥을 만들게 된다. 공통점을 발견하고 우호적인 관계를 맺으면 도움이 필요할 때 언제든 당신을 도울 것이다.

모든 인맥을 한 번에 다 활용할 필요는 없다. 적절한 데이터베이스를 만들어 중요한 사람, 핵심 공통점, 도움을 받을 수 있는 부분을 정리해 두면 좋다. 그들의 이메일 주소를 모아 두고 필요할 때 연락할 수 있게 한다. 이렇게 해 두면 언제든 모든 사람과 연락할 수 있다.

내 주위에는 이런 인맥 리스트를 잘 활용하는 친구들이 있다. 그들은 새로운 사람을 만나러 가기 전에, 자신의 데이터베이스 안에서 그를 알고 있을 만한 사람이 있는지 확인한다. 새로운 사람을 알 만한 사람이 있을 가능성은 30퍼센트 정도이지만, 제3자의 인맥이 갖는 힘은 놀라운 성과를 낸다. 새로운 사람과 만날 때, 서로가 잘 알고 있는 사람을 언급하며 대화를 시작할 수 있고 신뢰가 생기기 때문이다.

은행가와 인맥을 만드는 방법

기업 간 인맥에서 대부분의 사람들이 그냥 지나치는 자원 중 하나가 거래 은행의 담당자이다. 은행은 돈만 많은 곳이 아니다. 당신과 같은 비즈니스 고객을 다수 확보하고 있다. 아마 수천 명은 될 것이다.

거래하는 은행의 담당자와 인간관계를 맺기 위해서는 매우 적극적이어야 한다. 그들에게 식사를 대접받기보다는 먼저 대접한다. 그들이 당신의 재정 상태를 확인하기 전에 한 달에 한 번 당신의 재정 상태에 대한 정보를 제공하라. 은행 담당자가 당신의 비즈니스에 대해 잘 알면, 당신에게 새로운 정보를 제공하거나 새로운 사람을 소개해 줄 가능성이 높아진다.

은행 담당자가 당신에게 소개해 주는 사람은 믿을 만하다. 은행 담당자는 당신에게 새로운 사람을 소개해 주기도 전에 그 사람의 재정 상태를 파악하고 있다. 은행은 모험을 하지 않는다는 점을 명심하라. 은행은 모든 일을 신중하고 침착하게 진행한다.

나는 거래 은행 담당자들과 오랜 기간 좋은 관계를 유지해 오고 있다. 나의 적극적인 태도로 예상한 것보다 많은 융자를 받기도 했다. 게다가 내게 도움을 줄 수 있는 사람들을 연결해 주었다. 당신의 은행 담당자도 그렇게 해 줄 것이다.

영향력 있는 사람들과 인맥을 만드는 방법

유명한 사업가, 조직의 리더, 유명 인사, 정치인, 그리고 부유하거나 유명한 사람 등 영향력 있는 사람들과 관계를 맺기 위해서는 다음 사항들이 필요하다.

첫째, 사람들에게 지속적으로 당신의 존재를 드러내 당신과 관계를 맺는 것이 가치가 있다는 것을 알리는 능력.

나는 매주 기고하는 칼럼, 이메일 매거진, 책, 그리고 공개 세미나를 통해 사람들에게 나의 존재를 알린다. 당신도 그들을 알아 가기 위해 우수한 계획을 세워야 한다. 비즈니스 행사, 문화 행사, 친목 모임도 좋은 방법이 될 수 있다. 하지만 최고의 방법은 제3자를 통해 영향력 있는 사람을 소개받는 것이다. 이 방법을 이용하면 당신을 신뢰할 만한 사람이라고 생각할 것이다.

영향력 있는 사람들은 사실상 당신의 도움이 없어도 아쉬울 게 없다. 중요한 것은 그들에게 천천히 다가가고, 그들에게 가치 있을 만한 것을 제공하는 것이다. 당신이 가진 것을 당장 그 사람들에게 보일 필요는 없다. 나중에 다시 그들을 만나게 될 때까지 기다려라.

경험으로 배운 나의 교훈을 알려 주자면, 거물들과는 천천히 일을 진행해야 좋은 관계를 맺을 가능성이 높아진다.

"감사합니다. 만나서 반가웠습니다."라는 메모보다 상대방이 관심을 갖고 당신을 다시 만나게 할 방법을 찾아야 한다.

전문가 집단과 인맥을 만드는 방법

회계사, 법률가, 건축가, 그리고 여러 비즈니스 전문가들은 모두 자신의 비즈니스를 성장시킬 방법을 찾고 있다. 전문가들은 이미 관계를 잘 유지하고 있다.

전문가들과 인맥을 만드는 방법의 핵심은, 먼저 당신 주변의 전문가들과 좋은 관계를 맺는 것이다. 당신의 변호사는 다른 변호사들과 잘 알고 있을 것이며, 당신의 회계사 역시 다른 회계사들과 친할 것이다. 또한 그들은 자신의 고객들에 대해서도 잘 알고 있다. 따라서 그들이 제3자로 나서 당신을 소개시켜 주면 당신의 평판을 높여 줄 것이다.

사업가들은 자신이 고용한 전문가들의 인맥 속에 있는 커다란 가능성을 보지 못하는 경향이 있다. 전문가들의 서비스를 이용할 때마다 지불해야 하는 돈에 이미 위축되어 있기 때문이다.

당신의 회계사를 당신의 변호사나 은행 담당자에게 소개하라. 그들은 다른 전문가들과 인맥을 형성하는 것을 좋아한다. 당신을 돕는 전문가들과 관계를 돈독히 할수록 그에 대한 보상은 상상 이상이 된다. 당신의 변호사와 아침 식사를, 회계사와 점심 식사를 하고, 계산은 당신이 하라. 은행 담당자와 관계를 맺을 때 내가 권했던 것처럼 변호사, 회계사들과 1년에 서너 번은 시간을 같이 하라.

나는 내 고문 변호사, 회계사, 은행 담당자, 자산관리사 등으로 구성된 비공식적인 비즈니스 자문 그룹을 만들었다. 우리는 6개월마다 한자리에 모여 현재 비즈니스 상태와 미래 계획에 관한 이야기를 나눈다. 이 자리를 통해 그들은 현재 나의 상태를 파악하고 앞으로의 상황을 예측하고 계획한다. 이들은 필요할 때마다 추가적인 지원을 해 주고, 내가 목표에 이를 수 있게 도움이 될 만한 사람들을 연결시켜 준다. 나는 그들이 내준 소중한 시간에 기꺼이 비용을 지불하며, 그들의 의견을 존중한다.

내가 항상 그들의 제안을 따르는 것은 아니지만 내 성공을 위해 언제나 발 벗고 나서서 도와주는 마음을 고맙게 생각한다. 나는 비즈니스의 모든 단계에서 그들에게 마음을 터놓고 솔직하게 대했고 그들도 나를 신뢰하고 있음을 안다.

의사와 인맥을 만드는 방법

아무도 죽기를 원하지 않는다. 그러나 나이가 들면 누구나 노화 증세가 나타나고, 증세가 심해지면 의사를 찾게 된다. 주치의는 당신의 건강 상태를 가장 잘 알고 있을 것이다. 운이 좋게도 나는 노스캐롤라이나 샬럿에 있는 시그니처 헬스케어Signature Healthcare의 회원이 되었다. 이곳은 주치의와 이야기를 나누면서 여가 시간을 보낼 수 있는 회원제 의료 시설인데, 나는 주치의인 필 아논 박사Dr. Phil Arnone와 척추 지압사, 그리고 영양사의 도움을 받고 있다.

이곳에서 나는 두 명의 의사들과 인맥을 만들었고 내 인생에서 놀라운 변화를 맛볼 수 있었다. 이들의 도움으로 내 몸이 최상일 때의 컨디션이 어떤지 알게 되었고, 최고의 정신 건강을 유지할 수 있게 되었다.

몸이 아프면 다른 것에 신경 쓸 여력이 없어지고 일에 대한 의욕도 사라진다. 내가 걱정했던 건강 증세들에 대해 주치의로부터 걱정할 필요가 없다는 말을 듣고 나서 바로 마음의 평정을 되찾았고, 다시 일에 전념할 수 있었다. 건강에 문제가 없다는 것을 알게 되자 근심 걱정이 말끔히 해소되고 일에 매진할 수 있게 되었다.

육체적 고통은 지적인 사고에도 영향을 미친다. 사람을 무기력하게 만들고 창의적인 생각과 추진력을 방해한다.

어떻게
관계를 시작할 것인가?

세일즈 프레젠테이션을 통해 인맥을 만드는 방법

세일즈맨들은 프레젠테이션을 하면서 자꾸 상품을 파는 방향으로 몰고 가는 중대한 실수를 한다. 이렇게 되면 관계 만들기도 기대할 수 없게 된다. 고객들은 스스로 구매하려고 하지 떠밀려서 강매당하는 것을 싫어한다. 이것을 이해한다면 세일즈 프레젠테이션에서 어떻게 관계를 맺어야 하는지 알 것이다.

프레젠테이션에서 사람들의 관심을 끌려면, 그들에게 필요한 가치와 이익을 보여 주어야 한다. 세일즈 프레젠테이션으로 고객과의 관계를 성공적으로 맺지 못했다면 그 결과는 뻔하다. 고객은 그 거래를 입찰에 부치자고 하거나, 당신의 제안을 거절하거나, 결정을 질질 끌 것이다.

첫 번째로 팔아야 할 것은 세일즈맨 자신이다. 고객이 당신을 신뢰하지 않는다면 당신이 판매하는 것을 절대로 구매하지 않는다.

멘토와 인맥을 만드는 방법

멘토는 성공으로 가는 길의 이정표 역할을 한다. 도움이 필요하다면 당신에게 조언을 해 줄 멘토를 구하라! 멘토는 당신이 성공을 향해 나아갈 수 있도록 길을 안내하고 영감을 주는 황금 같은 존재이다.

내가 멘토들에게 진 신세는 글로 다 표현할 수 없다. 나는 멘토들에게 항상 감사함을 표현하고 그들도 나의 마음을 알고 있지만, 더 중요한 것은 멘토의 조언과 지혜를 받아들여 실천함으로써 그들의 의견을 존중함을 보여 주는 것이다. 당신에게 도움을 준 멘토가 보람을 느끼게 하라!

자, 성공을 위해 도전해보자! 당신의 커리어에 영향을 줄 수 있다고 생각되는 사람들, 즉 당신의 멘토가 될 수 있는 사람들의 리스트를 작성하라. 그리고 그들과 가까워질 수 있는 방법을 찾는다.

마지막으로 그들의 성공이 당신의 성공에 영향을 줄 방법을 찾아라. 성

"따분한 조언 따위는 하지 않고 부자가 되는 법을 알려 줄 멘토를
찾고 있어요."

공을 위해 꼭 그렇게 하길 바란다.

유명한 사람들과 인맥을 만드는 방법

유명한 사람들과 관계를 맺는 상황은 우연히 찾아온다. 나는 어제 이 책의 편집자 제시카와 공항 검색대를 통과하기 위해 줄을 서 있었다. 갑자기 제시카가 놀란 표정으로 내 쪽을 돌아보며 말했다. "어머, 저기 마이크 타이슨이 있어요." 고개를 돌려 보니 정말로 타이슨이 있었다. 나는 그에게 성큼 다가가 말을 걸었다. "저는 당신의 팬입니다." 그는 내게 악수를 청했고 나는 그와 악수를 했다. 나는 그의 눈을 바라보며 "하시는 모든 일이 잘되길 바랍니다."라고 말했다. 그는 고마워하며 미소를 지었다. 우리의 첫 만남은 이것이 다였다. 나는 그에게 사인을 요청하지 않았다. 대신 우연히 마주친 행운을 짧지만 좋은 추억으로 남기는 쪽을 택했다. 나는 이 방법이 유명한 사람과 마주쳤을 때 최고의 방법이라고 생각한다. 짧지만 진실하게, 굳이 이야기를 길게 할 필요가 없다. 그들 역시 길게 이야기하는 것을 원치 않는다.

언젠가 비행기에 탑승했을 때의 일이다. 내 좌석 한 자리 건너 옆에 풋볼 명예의 전당에 오른 쿼터백 출신 짐 켈리_{Jim Kelly}가 앉아 있는 것을 발견했다. 나는 그에게 인사를 건넸다. "안녕하세요. 저는 당신의 팬입니다. 저를 기억 못하시겠지만, 휴대전화 회사의 세일즈 컨벤션에 당신이 참석했을 때 저도 참석한 적이 있었습니다. 그때 제 풋볼 공에 사인을 해 주셨

죠." 그는 미소를 지어 보였다. 나는 계속해서 "기억하지 못하겠지만, 그 날 제가 기조연설을 했습니다. 저의 전문 분야는 세일즈와 고객 서비스입니다. 그날 당신은 제 사인을 받지 못했죠. 그래서 지금 제 탑승권에 사인을 했습니다."라고 말했다. 나는 내 탑승권을 그에게 건네주면서 "당신의 탑승권에 사인을 해서 저에게 주셔도 됩니다."라고 말했다. 그는 웃으면서 자신의 탑승권에 사인을 해서 두 개 모두 나에게 주었다.

그런 다음 우리는 30분 정도 미식축구에 대한 이야기를 나누면서 즐거운 시간을 보냈다. 이야기를 나누다가 갑자기 그럴 듯한 책 제목이 생각났다. '챔피언이 되기 위해서 슈퍼볼에서 이길 필요는 없다!' 이런 제목의 책을 써 보면 어떻겠냐고 묻고 싶었다. 하지만 그가 어떻게 생각할지 모르고, 선을 넘고 싶지 않아 그 말은 더 하지 않았다.

그로부터 3년 후, 나는 내 친구 톰으로부터 전화 한 통을 받았다. 톰은 내가 샬럿에 있을 때 알게 된 친구인데 후에 버펄로로 이사를 갔다. 그는 내게 짐 켈리가 홍보용 출판물을 만들려고 하는데 내 스튜디오를 사용할 수 있는지 물었다. 이렇게 해서 나는 짐 켈리 측 사람들을 만나게 되었고, 이때 책에 관한 아이디어를 내놓았다. 결국 우리는 《쿼터백이 되어라 Be Your Own Quarterback: Six Points and an Extra Point or Two》라는 제목의 책을 공동 집필했다.

6개월 후 짐 켈리와 직접 만나서 며칠 동안 원고의 토대를 함께 잡았고, 책에 들어갈 내용들을 카메라로 촬영했다. 우리는 예전에 비행기에서 있었던 탑승권에 관한 이야기를 회상하며 다시 한 번 웃을 수 있었다. 우리의 우연한 만남은 서로에게 이익이 되었으며, 진정한 인간관계로 발전해

서로에게 의미 있는 것이 되었다.

유명 인사와 관계를 맺는 것은 시간이 걸리고, 친분을 맺을 때 일정 선을 넘어서는 안 된다는 것을 유념해야 한다. 특히 상대방의 감정에 관여되는 일들은 삼가는 것이 좋다. 설마 하는 경우가 실제로 발생할 수도 있다.

자녀들과 관계를 만드는 방법

자신의 자녀가 마약에 손댄 것을 알고서는 부모들이 놀라는 것을 본 적이 있는가? 부모는 자기 자녀가 하는 일을 가장 나중에야 아는 사람들이다. 이 얼마나 슬픈 일인가?

자녀와 친구 같은 관계를 유지하려면 현실적인 사고방식을 가져야 한다. 그래야 자녀와 마음을 터놓고 솔직한 대화를 나눌 수 있다. 자녀와 관계를 맺는 방법의 핵심은 빨리, 긍정적으로, 진지함을 보이고, 도우려 노력하고, 항상 격려해야 한다.

대화를 나누면서 인맥을 만드는 방법

사람들은 자신의 이야기를 하는 것을 좋아한다. 자신들이 성공적으로 이뤄 낸 일과 자녀들, 배우자, 휴가, 새로운 자동차, 새로 이사한 집에 대해 자랑하고 싶어 한다. 이런 대화는 관계를 발전시키는 계기가 될 수 있다. 사람들은 건강 문제, 사고 또는 해고당한 일 등 안 좋은 일에 대해서도 말할 때가 많다. 하지만 이런 부정적인 대화로는 관계를 진척시킬 수 없다. 대화를 나눌 때 나는 말을 하기보다는 듣는 편이다. 다른 사람의 의견,

아이디어를 묻고 그들의 경험에 대해 관심을 기울이는 것이 내 이야기를 하는 것보다 훨씬 관계를 깊게 해 준다는 것을 알았다.

나는 사람들과 만나 대화를 나눌 때 가능한 상대방에 대해 더 많은 것을 알고자 한다. 어떤 일을 하고 어떤 생각을 하고 어떤 신념을 갖고 있는지 궁금하기 때문이다. 그리고 이런 것들을 통해 나와의 공통점을 찾는다. 공통점을 찾으면 우정을 쌓거나 관계를 시작하는 데 도움이 된다.

만나는 모든 사람과 다 인맥으로 이어지지는 않는다. 하지만 모든 만남은 관계 맺기를 위한 훌륭한 연습 과정이 된다.

사람들이 나에 관해 물어볼 때 유머러스하고 간략하면서도 잘난 척하지 않는 선에서 내 소개를 한다. 내가 지금까지 성취한 것이 스스로도 꽤 인상적이라고 생각하므로, 긴 말을 늘어놓지 않고도 간략한 내 소개를 할 수 있다. 내가 쓴 책에 대한 질문을 받으면 조금 이야기를 하다가 상대방에게 이렇게 묻는다. "직접 글을 써 보실 생각은 없으십니까?", 아니면 "책을 내시거나 글을 기고하신 적이 있으십니까?". 만일 그렇다고 대답하면 그들과의 연결점을 찾은 것이다. 책을 출판해 본 사람들은 자신의 책을 어떻게 홍보하고 잘 팔리게 할지 모른다. 나는 그들에게 책이 더 잘 노출될 수 있도록 시장 포지셔닝_{positioning} 방법과 몇 가지 노하우를 알려 준다. 이로써 우리의 연결 고리는 더욱 단단해진다.

나는 그들이 내게 진 신세를 갚아야 한다고 생각하지 않는다. 그저 "감사합니다."라는 말이면 충분하다. 언젠가는 '우주의 섭리'에 따라 다른 누군

당신이 묻는 질문, 당신이 고객에게 제안하는 아이디어,

당신의 열정과 신념이 드러나는 커뮤니케이션 기술이

인맥을 만드는 바탕이 된다.

–제프리 지토머

가가 호의를 갚아 줄 거라 생각한다. 지난 30년 동안 나는 실제로 이것을 경험했으며, 앞으로도 내 신념을 따를 것이다.

데일 카네기는 이 상황을 누구보다 적절하게 표현했다. "다른 사람의 관심을 사려고 애쓴 2년보다 다른 사람에게 관심을 쏟은 2개월 동안의 실적이 훨씬 좋았다."

말로써 인맥을 만드는 방법

고객 서비스를 다룬 내 책《고객 만족은 가치 없지만 고객 충성은 값을 매길 수 없다 Costomer Satisfaction Is Worthless, Customer Loyalty Is Priceless》에서 "첫말이 모든 것을 좌우한다."고 썼다. 당신이 꺼낸 첫마디가 이미지를 만들고 인식을 심어서, 결국 당신의 제안 수락 여부에도 영향을 준다. 말은 옷차림만큼이나 즉각적인 첫인상을 만든다. 더군다나 첫 만남이 전화 통화라면, 모습이 보이지 않기 때문에 말이 첫인상에 더 큰 영향을 준다.

당신도 이미 경험했을지 모를 사례 하나를 들어 보겠다.

이른 아침, 청중 앞에 선 강연자가 마이크를 잡고 "안녕하세요!"라고 말한다. 청중들은 힘없는 목소리로 "안녕하세요."라고 대답한다. 강연자가 더 큰 목소리로 "안녕하시냐고 물었습니다!"라고 하면 청중은 어쩔 수 없이 "네, 안녕하세요!"라고 크게 인사를 하지만 사실 기분은 좋지 않다. 자신의 의지와 상관없이 강연자의 강요로 인사를 했기 때문이다. 청중은 강연자를 탐탁지 않게 생각하고, 강연자는 이런 분위기를 만회하기 위해 10분이라는 시간을 허비하게 된다. 당신이 사람들을 강요하려 들면 그들은 분개한다!

모르는 사람과 전화 통화를 할 때 으레 하는 인사말이 "안녕하세요? 별일 없으시죠?"이다. 이 말은 본론으로 들어가기도 전에 대화를 망치는 질문이다. 당신은 실제로 상대방의 기분이 어떤지 알고 싶지도 않을뿐더러, 전화를 받는 사람도 '이 사람, 나한테 뭘 원하는 거야?'라고 생각하며 그런 인사를 달갑지 않게 여긴다.

전화 통화를 할 때 질문을 던지면서 자연스럽게 대화를 이끌어 나가라. 심지어 대화를 하면서 당신의 이름을 밝힐 필요도 없다. 누군가 당신에게 관심을 갖고 있다면 먼저 당신의 이름을 물을 것이다. 텔레비전에서 자신의 이름부터 밝히는 아나운서를 본 적이 있는가? 만약 당신의 이름을 먼저 밝혀야 한다면 무언가 잘못된 것이다. 프랭크 시나트라Frank Sinatra가 방송 인터뷰를 시작하면서 "안녕하세요! 저는 프랭크 시나트라입니다. 가수이지요!"라고 말하는 걸 본 적이 있는가?

사람들은 당신의 이름에 관심을 갖지 않을 뿐더러 쉽게 잊어버린다. 당신의 이름을 기억하게 만들고 싶다면, 명함을 건네주는 편이 훨씬 낫다.

나는 사람들의 이름을 잘 기억하지 못한다. 그들이 어떤 사람이며, 어떤 생각을 갖고 있는지 알고 난 후에야 그들의 이름이 비로소 내게 의미 있기 때문이다. 그들에 대해서 알고 난 후에, 그들이 무엇을 원하고 내가 무엇을 도울 수 있는지 찾아본다. 도움이 관계를 깊게 만들 수 있기 때문이다.

6

Part 6 누가
당신을
알고 있는가?

사람들에게
자신을 알리는 첫 단계

잠재 고객과 고객들 사이에서 유명해지는 것, 유명까지는 아니어도 사람들에게 알려지는 것은 인맥 맺기 과정에서 가장 중요한 요소이다.

타이거 우즈는 세일즈 판촉 전화나 방문판매를 하지 않는다. 오히려 사람들이 그에게 연락한다. 오프라 윈프리의 경우도 마찬가지이다. 유명해지면 많은 사람들이 당신과 관계를 만들려고 한다. 이 말은 곧 유명해지지 않으면 당신이 먼저 연락해야 한다는 말이다!

물론 하룻밤 사이에 유명 인사가 될 수는 없다. 하지만 작은 것부터 시작해 나간다면 언젠가는 그렇게 될 것이다. 한 가지 좋은 방법은 당신에게 'Yes!'라고 말하는 사람들에게 당신을 가능한 많이 노출시키는 것이다. 아니면 당신의 존재를 알리고 싶은 사람들 앞에 서는 것이다. 나는 글을 쓰거나 강연으로 이를 실행하고 있다. 또 모임을 만들거나 블로그를 운영하면서 아이디어를 공유함으로써 가치 있는 사람으로 인정받는다면 사람들이 당신을 찾아올 것이다.

전 세계 모든 회사들이 자사의 영업부 직원들에게 다양한 판매 방법을 가르치고 있는데, 이보다 비효율적인 것도 없다. 그들에게 정말로 가르쳐야 할 것은 포지션을 설정하고 가치를 제공하는 방법, 커뮤니케이션과 프레젠테이션 기술, 관계를 맺는 방법이다. 세일즈에 대한 나의 제1원칙인 '사람들은 사라고 강요당하는 것은 싫어하지만 스스로 구매하는 것은 좋아한다.'를 받아들인다면, '판매 방법'을 가르친다는 것이 인간의 본성과 어긋난다는 것을 이해할 것이다. 세일즈 판촉보다는 가치를 제공해 신뢰를 쌓는 편이 훨씬 쉽다.

나는 가치를 제공하면서 커리어를 쌓고 이를 통해 부와 성공도 쌓았다. 그렇다고 나의 가치를 항상 직접적으로 제공한 것은 아니다. 대부분 시장에 제공하고, 이를 받아들이고 원하는 사람들이 나와 관계를 맺었다.

나는 매주 칼럼을 기고하고, 이메일 매거진을 통해 《세일즈 카페인Sales Caffeine》을 발송하며 가치를 제공한다. 당신도 나처럼 할 수 있다. 하지만 즉각적이고 큰 반향을 기대하지 마라. 지금까지 나는 15년 동안이나 글을 써 왔다. 그 시간이 매우 길다고 느껴질지 모르지만, 내겐 정말 눈 깜짝할 시간이었다. 글을 쓰는 매 순간이 도전이지만 즐거움이기도 하다. 나는 글을 쓰면서 인내하고 일관성을 유지하며 최선을 다하기 위해 노력했다.

1988년에 노스캐롤라이나의 샬럿으로 막 이사 왔을 때 나는 빈털터리나 다름없었다. 나는 인맥을 만들기 위해 노력했다. 그러다 강연과 컨설팅도 하게 되었고 4년 뒤에는 마침내 글을 쓰게 되었다. 내가 글을 쓰기 시작한 1992년에도 나의 재정 상태는 좋지 않았다.

1990년 그 지역의 한 감리교회에서 강연을 하게 되었다. 강연의 주제는 '주님과 함께'라는 뜻의 그리스어 '엔테오스entheos'에서 유래한 '열정Enthusiasm'이었다. 그로부터 2년 후 한 쇼핑몰에서 식료품을 고르고 있을 때 한 남자가 다가와서 말을 걸었다. "혹시 감리교회에서 열정에 대해 강연하신 분 아닙니까?" "네, 맞습니다." 그는 다시 반갑게 말했다. "저는 그날 강연 내용을 요즘도 가끔 생각하곤 합니다. 정말 감동적이었습니다." 이 말에 내가 무엇이라고 답했을까? 나의 대답은 "그렇습니까? 제가 더 감사합니다."였다.

그가 가고 나서 나의 심장은 흥분과 감동으로 요동쳤다. 내가 전한 메시지가 다른 사람에게 감동을 주고 격려가 되었다는 것이 무척 기뻤다. 재미있게도, 바로 이 시기가 《샬럿 비즈니스 저널Charlotte Business Journal》에 칼럼을 싣기 시작한 때이다. 내가 베푼 호의가 내게로 되돌아와 용기를 북돋아 주고 목표를 향해 나아갈 수 있게 해 주었으니 얼마나 놀라운 일인가!

다른 사람에게 가치를 제공하라. 도움을 받은 사람들은 시간이 걸릴지라도 당신에게 보답할 방법을 찾는다.

당신의 직감은 늘 무엇을 해야 할지 알려 줄 것이다. 하지만 결실을 보려면 행동해야 한다. 작은 것부터 시작하라. 감자, 고구마, 튤립, 옥수수 등 무엇이든 간에 씨앗을 심고, 거름을 주고, 자랄 때까지 보살펴라. 1년이든 2년이든 그 씨앗은 자라서 꽃을 피우고 열매를 맺을 것이다.

1. **매체를 이용하라.** 홍보 활동을 통해 당신의 이익을 최대화하라. 하지만 매체와 인터뷰를 할 때, 주연이 아닌 조연 역할을 해야 한다. 매체에서 고객의 회사나 상품에 대해 언급하면, 당신은 영웅 대접을 받을 것이다.

2. **글을 써라.** 나는 1992년부터 세일즈, 고객 충성도, 그리고 자기계발을 주제로 하는 글을 기고하고 있다. 이는 나의 평판, 책, 세미나, 그리고 부의 원천이다.

3. **대중 앞에서 말하라.** 대중 앞에서 연설을 하면 리더로 인식된다. 당신은 청중들에 대해 모를 수 있지만, 연설을 마치고 나면 청중들은 당신을 알게 된다.

4. **가치 교환을 위해 인터넷을 적극 활용하라.** 나는 매주 발행되는 이메일 매거진 《세일즈 카페인》을 통해 유용한 정보를 12만 명에게 제공한다. 먼저 다른 사람들을 도우면 결국 당신에게 이익이 돌아온다.

5. **모임에서 적극적으로 활동하라.** 중요한 사람들과 만나 얼굴을 익히고 인맥 구축에 힘써라. 모임을 이끌고 적극적으로 참여하라. 그렇게 해서 많

은 것을 배우면 다른 사람들을 가르치고 이끌 수 있다.

6. **남들과 달라야 한다.** 나는 톡톡 튀는 셔츠를 입고 세미나를 진행한다. 다소 모험적이지만 확실히 효과가 있다. 지나치게 튈 필요는 없다. 약간의 차별화로 남들과 다른 당신의 브랜드를 만들 수 있다.

7. **덤으로 유혹한다.** 나는 내가 쓰는 칼럼이나 기사에 내 웹사이트 주소를 제공해 독자들이 더 많은 정보를 얻게 한다(이 페이지의 하단에 있는 Free GitBit 처럼). 공짜로 제공된다 해도 유용한 것들이어야 한다.

8. **일상적인 업무를 차별화시켜라.** 당신의 음성메일, 컬러링, 팩스 커버, 제안서, 명함은 매력적이라고 생각되는가? 사람들에게 당신과 당신의 제품 및 회사가 얼마나 훌륭한지 제대로 보여 주고 싶다면 먼저 이런 것부터 바꿔라.

9. **다른 사람들이 당신의 상품을 팔게 만들어라.** 사람들의 입소문이나 사용 후기의 힘을 부인할 수 없다. 입소문이 당신의 평판을 좌우할 수 있고, 당신의 상품을 쉽게 팔아 줄 수도 있다. 고객은 판매자의 말보다는 다른 고객의 말을 더 신뢰한다.

FREE GIT BIT

유명해지고 가치 있는 사람으로 인정받는 방법을 알고 싶다면 www.gitomer.com에 방문하세요.

당신에게 호감을 갖는 사람들 관리하기

당신에게 이끌려 인맥을 만들려고 하는 사람들 모두가 당신에게 도움이 되는 것은 아니다. 그래도 당신과 관계를 맺고자 하는 모든 사람을 존중하는 마음으로 대하라. 당신이 관계를 맺고 싶어 하는 사람들이 당신에게 해 주었으면 하는 방식으로 그들을 대하라. 우주의 법칙에 따라 뿌린 만큼 거둘 것이다. 당신이 해야 할 일은 끊임없이 베푸는 것이다.

내가 성공할 수 있었던 이유 중 하나는 사람들에게 조건 없이 베푼 것이었다. 단 한 번도 "나중에 갚으세요!"라고 말하면서 도움을 준 적이 없다. 돌려받기를 기대하고 도움을 준 적이 없지만, 다른 누군가로부터 10배로 돌려받았다. 가끔은 내가 도운 사람으로부터 직접 돌려받는 경우도 있었지만, 빚이 아니라 깜짝 선물이라고 생각한다.

'Yes!'라고 말해 주는 사람과 관계 유지하기

누구나 자신에게 큰 도움을 주는 사람들과 인맥을 만들고 싶어 한다. 당연한 일이다. 가능한 많은 잠재 고객들과 만날 기회를 바라는 것도 당연하다. 내가 쓴 칼럼은 주간 경제 신문에 실린다. 이 신문의 독자들은 내가 타깃으로 삼는 사람들, 즉 세일즈맨, 비즈니스 책임자, 기업가들이다.

여기에 숨겨진 철학이 담겨 있다.

나는 내게 'Yes!'라고 말할 만한 사람들에게 나의 존재를 지속적으로 알리고, 내가 먼저 그들에게 가치를 제공한다.

지난 15년 동안 이 같은 철학이 내 마케팅 전략의 핵심이었다. 사람들은 내 칼럼을 읽으면서 나의 가치관과 신념에 대해 알게 된다. 또 글을 읽고 마음에 와 닿는 내용을 발견하면 다른 사람에게 보여 주기도 한다. 그러면 내 글을 감명 깊게 읽은 사람들로부터 전화가 온다. 전화를 하는 사람들은 내게 더 많은 정보를 부탁하기도 하고 강연 요청을 하기도 한다. 어떤 이유로 전화를 하든 이를 통해 다른 일의 계기가 마련되고 인맥을 맺는 하나의 과정이 된다. 내가 먼저 인맥을 만들려 한 것이 아니다. 나는 그들의 존재조차 알지 못했지만 가치 있는 메시지를 제공하자 그들이 연락을 해 온 것이다. 단순한 것 같지만 쉽지 않은 일이다. 나에게 전화를 걸기까지 몇 년이 걸리는 사람도 있다. 그렇기 때문에 나는 매주 새로운 정보를 준비해야 한다.

만일 사람들이 신문 광고를 통해서 나를 만났다면 나에게 연락했을까? 수년 동안 신문에 내 칼럼이 실린 후에 내 세미나 광고를 낸 것이 아니라면 나에게 전화하는 사람이 별로 없을 것이다.

이제 당신에게 'Yes!'라고 대답할 수 있는 잠재 고객들에게 보여 주어야 할 가치, 끌어당김의 법칙, 일관성의 힘을 이해하기 시작했을 것이다.

세일즈맨이 전화나 방문판매를 할 고객 리스트를 확보했다고 말하는 것을 들을 때마다 농담을 넘어 안쓰러움을 느낀다. 그들은 전화나 방문판매 시 일단 자신을 소개한 뒤, 자신의 회사와 상품을 팔려고 한다. 하지만 대부분 가차 없이 거절당한다. 여기서 '대부분'이란 100명의 사람 중 85~98명을 말한다.

차라리 이 100명의 사람들에게 유용한 정보를 우편이나 이메일을 통해 제공했다면, 이 중 일부는 당신에게 연락을 했을 것이다. 아니면 전화 통화를 하면서 당신이 우편이나 이메일로 정보를 보낸 사람이라고 밝히면, 그들은 기꺼이 당신의 전화를 받을 것이다.

목표 고객을 파악하는 것은 쉽지만, 그들에게 자신의 존재를 알리는 것은 어렵다. 하지만 목표 고객에게 어느 정도 알려져 있다면, 그에게 다가가 관계를 맺는 것이 더 쉬워진다.

다시 주간 칼럼에 대한 이야기로 돌아가 보자. 내 칼럼은 매주 95개의 경제지에 실린다. 수천 명의 세일즈맨들이 나의 칼럼을 오려서 사무실 벽이나 노트에 붙여 놓는다. 내가 나의 칼럼이 발행되는 도시 중 한 곳을 골라 세일즈 목적으로 전화를 하거나 방문했다고 치자. 만일 그 회사의 영업부 직원이 내 칼럼의 독자라면 그 회사의 직원들은 나의 전화를 반가워하고, 즉시 사장에게 안내할 것이다.

이런 방법으로 나는 한 사람을 통해 그 회사의 다른 사람과도 관계를 맺을 수 있다. 이런 일이 가능한 이유는 내가 수년에 걸쳐 지속적으로 그들에게 가치를 제공해 왔기 때문이다.

당신은 어떤 인맥을 만들고 싶은가? 너무 뻔한 이야기와 전화번호를 가지고 인맥을 만들고 싶은 사람에게 전화하기보다는 가치 있는 정보를 제공하면서 자신의 존재를 드러내는 전략을 세우는 것은 어떤가?

나를 알리는 세 가지 비밀
글쓰기·이메일 매거진 만들기·말하기

이번에는 내가 유명해지기 위해 사용한 비밀을 알려 줄 것이다. 이를 통해 당신은 인생에서 가장 중요한 우선순위 세 가지를 알게 될 것이다. 끌어당김의 법칙을 만들고, 명성을 쌓아 무엇보다 쉽게 관계를 만드는 세 가지 방법을 제시한다.

첫째는 글쓰기이다. 글을 쓰면서 당신은 사람들과 관계를 맺고, 사람들을 당신에게 끌어당기고, 당신의 생각과 철학을 명확히 하고, 책을 출판할 기회를 얻는다. 그러나 이것이 전부가 아니다. **당신은 부자가 될 기회도 얻는다.**

지금부터 글을 쓰면서 아침을 시작하자. 하루에 15분이면 충분하다. 노트북컴퓨터가 있다면 언제든 글을 수정할 수 있으므로 편리하다. 매일 아침 자신이 원하는 주제 한 가지를 선택한다. 자신의 주변에서부터 글 소재를 찾아보자. 키우고 있는 애완동물이나 여행, 가족 등은 글쓰기의 좋은 소재이다. 매일 글 하나를 완성해 폴더에 저장하고 다음날 아침에 수정한다. 하루가 지나 글을 다시 보면 고칠 부분들이 눈에 띌 것이다. 글을 잘 쓰는 비결 하나를 알려 준다면, 모니터 화면만 보지 말고 소리 내어 읽어 보라. 그러다 보면 어색한 부분을 쉽게 발견할 수 있다.

둘째는 이메일 매거진이다. 나는 2001년에 이메일 매거진《세일즈 카페인》을 창간했다. 나는 세일즈맨들의 실적 향상에 도움이 될 정보를 제공하려고 많은 신경을 썼다.《세일즈 카페인》을 시작하고 6개월이 지난 후 독자들에게 내 책과 제품을 사 달라고 부탁한 적이 있었다. 독자들은 내 책과 제품을 사 주었다. 그것도 아주 많이!

2003년 9월 나는 좀 더 구체적인 부탁을 했다.《세일즈 카페인》독자들에게 새로 발행하는《세일즈 바이블Sales Bible》이라는 책을 구입해 달라고 구체적으로 요청했다. 그리고 2003년 9월 3일 오후 2시를 기준으로《세일즈 바이블》은 인터넷 서점 아마존에서 판매 부수 1위를 차지했다. 그때만 하더라도《세일즈 카페인》독자는 약 5만 명이었는데, 글을 쓰는 지금 시점에는 매주 12만 명이 내 글을 읽는다. 이메일 매거진의 힘은 이루 말할 수 없다. 내가 거둔 이메일 매거진의 효과를 바탕으로 사람들에게 그 중요성을 말한다. 이메일 매거진은 매주 발간되는 세일즈 정보 이상의 가치를 지닌다. 이는 내가 12만 명의 사람들과 관계를 맺을 수 있는 방법이며, 당신이 오늘부터 바로 활용할 수 있는 첨단 기술이기도 하다.

고객들에게 도움이 되는 26가지 정보 목록을 만들어라. 목록을 만들면 다음 6개월 동안의 이메일 매거진 기본 내용을 확보한 것이다. 그런 다음 그래픽 디자인 강의를 신청한다. 그리고 강사에게 당신의 이메일 매거진을 디자인하는 수업을 제안하라. 수강생 수만큼 독창적인 디자인 시안이 나올 것이다. 디자인이 채택된 수강생에게는 100달러의 상금을 주고, 다른 수강생들에게는 와인 한 병씩을 돌려라. 이제 이메일 주소를 모으고 잡지를 만들고 전송 버튼을 누른다. 죽기 전까지 매주 반복한다.

셋째는 말하기이다. 글쓰기를 통해 책을 만들 수 있듯이 글쓰기는 연설과도 연결된다. 글을 많이 쓰면 말할 내용도 풍부해지기 때문이다. 지금까지 글쓰기에 대해 말했다면, 이제는 사람들 앞에서 말하는 방법과 이

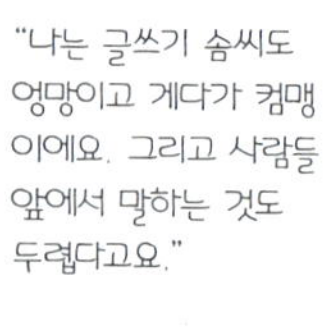

를 위해 자신감을 얻는 방법을 살펴볼 차례이다. 다행스러운 것은 하나가 해결되면 다른 것은 저절로 해결된다는 점이다. 사람들 앞에서 말을 자주 해볼수록 자신감도 생긴다. 중요한 점은 말을 하기에 앞서 충분한 준비가 되어 있어야 한다는 것이다.

흔히 알고 있는 것과 달리, 사람들은 남들 앞에 서는 것을 두려워하지 않는다. 단지 준비를 제대로 안 했기 때문에 두려운 것이다. 당신도 마찬가지이다. 당신이 유용한 정보를 준비하고 열정이 있다면 당신의 메시지는 열렬한 호응을 이끌어 낼 것이다. 또한 사람들은 당신을 리더나 전문가, 그리고 마침내 권위자로 인정할 것이다. 계속해서 글을 쓰고, 당신의 정보 기반을 넓혀라.

지역에 있는 시민 단체나 강연자협회에 연락해 강연 스케줄 담당자에게 예약하라. 강연에서 말할 강연문을 쓰고 강연을 할 수밖에 없는 상황으로 자신을 내모는 것도 좋은 방법이다.

사람들에게
알려지는 것의 의미

"누가 당신을 알고 있는가?"라고 묻는다면, 금방 답이 나온다. 내 경우 하루에 최소 세 사람이 다가와 말을 건다. 그들은 세일즈에 관한 이야기나 내 세미나에 참석했던 것을 말한다. 또는 내가 쓴 책에 사인을 부탁할 때도 있다. 이것은 매우 기분 좋은 일이며, 나의 노력에 대한 성적표이기도 하다.

하지만 이렇게 되기까지 많은 시간이 걸렸다. 내가 처음 글을 쓴 때가 1992년 3월이었다. 나의 첫 번째 책은 1994년 11월에 출간되었고, 1992년 이래로 세미나와 강연을 1,800회 이상 해 왔다. 이 모두가 누군가의 요청을 받아서 한 것이다. 내 책의 홍보나 강연을 위해 단 한 번도 직접 세일즈 전화를 한 적이 없다.

이것이 글쓰기의 힘이다. 이것이 가치를 먼저 제공하는 것의 힘이다. 이것이 바로 당신의 청중에게 가치 있는 메시지를 전달해 얻은 가치 있는 정보를 제공하기 위해서는 생각을 많이 해야 한다. 당신의 판단이 필요하고, 이를 위한 시간도 필요하다. 나는 이것들이 선결 조건이라고 생각하며, 나도 그렇게 시작해서 효과를 보았다. 따라서 당신도 충분히 할 수 있다.

7

Part 7   관계 속에 숨겨진 힘

인맥을 만들 때
하기 쉬운 실수

당신이 만나는 사람 누구와도 인맥을 만들 수 있다. 그를 위해 당신이 해야 할 일은 인적 자산 데이터베이스에 맞게 사람들을 분류하는 것이다. 편안한 관계, 공식적인 관계, 업무상의 관계, 소개받은 관계, 그리고 각종 인맥 모임들 모두가 소중한 인적 자산이다.

일반적으로 사람들은 선입견으로 상대방을 판단한다. 상대방의 단점부터 보려 하고, 일단 단점을 보면 장점은 보려고 하지 않는다. 이런 습성은 새로운 인맥을 만드는 데 방해가 된다.

마찬가지로 세일즈맨도 사람의 겉모습만 보고 판단하는 경향이 있다. 선입견을 가진 채 프레젠테이션을 하므로 고객을 파악할 수 없고, 결과적으로 좋은 성과도 내지 못한다.

열린 마음은 지갑을 열고

닫힌 마음은 지갑을 닫는다.

-제프리 지토머

선입견을 갖지 않으려면 상대방에게 끊임없이 질문해야 한다. 그들의 의도, 성격, 알고 있는 모든 것을 묻다 보면 선입견을 지울 수 있다. 마침내 값진 자산 중 하나인 열린 마음을 얻게 될 것이다.

작은 관심이
만든 일

1982년, 나는 큰 규모의 스포츠 웨어 행사에 참석한 적이 있다. 나는 행사가 끝난 후 댈러스 공항에서 비행기를 기다리고 있었다. 그때 가끔 마주쳤던 티셔츠 제조 회사 사람을 발견했다. 그는 아메리칸익스프레스 현금인출기와 씨름을 하고 있었다. 기계가 카드를 삼켰는지 그는 꽤 당황한 듯 보였다. 그에게 다가가 내 소개를 하고 문제가 있는지 물어보았다. 그리고 그가 집으로 돌아갈 수 있도록 100달러를 빌려 주었다. 이틀 후, 그는 내게 감사하다는 글과 함께 100달러짜리 수표를 보내 왔다. 나중에 알게 되었지만 그는 모 티셔츠 제조 회사의 사장이었다.

두 달 후, 그는 나에게 전화를 해서 1984년 LA 올림픽 의류 인쇄에 관심이 있는지 물었다. 그는 리바이스의 2차 제조 라이선스를 따냈고, 마침 우리 회사는 인쇄 장비를 가지고 있었다. 나는 "물론입니다."라고 대답했다. 내가 공항에서 그를 도왔다는 이유로, 그는 75만 달러 규모에 해당하는 160만 장의 티셔츠를 인쇄하는 계약을 주었다. '먼저 베푼다.'는 내 신념을 실천했을 뿐인데, 이런 뜻밖의 행운을 얻은 것이다.

나도 그를 현금인출기 기계나 두들겨 대는 멍청한 사람 중의 하나로 보아 넘겼을 수도 있었다. 하지만 나는 편견을 갖기보다는 좀 더 주의 기울여 살펴보고 그에게 믿음을 주었다. 그것으로 나에겐 멋진 행운이 찾아왔고 돈까지 벌었다.

단체와
관계 맺기

나는 어떤 단체에 가입할 때 단지 가입하는 것에 의미를 두지 않고 적극적으로 참여한다. 그러고 나서 어떤 시점이 되면 사람들을 이끌기도 한다. 나는 샬럿상공회의소에 가입하고 2년이 지났을 때 '비즈니스 성장 네트워크'라는 기업가 모임을 만들었다. 그리고 매달 신입 회원들을 위한 오리엔테이션을 진행했다. 4년 동안 매달 오리엔테이션을 진행하면서 셀 수 없이 많은 친구들을 사귀고 인맥을 쌓았다. 내가 단체에서 한 활동은 일종의 자원봉사였지만 때로는 컨설팅 서비스를 포함하여 내가 가진 것을 판매할 수 있었다.

어느 날 자그마한 중국 여성이 다가오더니 내가 쓴 《세일즈 바이블》을 자신이 중국에서 출판하면 어떻겠느냐고 물었다. 2년이 채 지나지 않아 중국에서 내 책이 출판되었고, 나는 로열티로 10만 달러 이상을 벌었다. 상공회의소에서 한 무료 강연 덕분에 예상하지 못한 성과를 얻은 것이다.

1991년에는 메트로비즈니스협회_{Metro Business Council}에 가입했다. 이 협회는 회원 상호 간 비즈니스를 돕는 것이며, 약 100명의 회원이 있었다. 나는 이 협회에서 평생을 함께 할 20~30명의 친구들과 그보다 더 많은 사람들과 든든한 비즈니스 인맥을 만들었다. 이렇게 많은 인간관계를 맺을 수 있었던 나만의 성공 비결은 사실 매우 간단하다. 가능한 많은 회원들과 비즈니스를 하기 위한 기회를 만들고(돈도 그만큼 투자했다), 그들의 비즈니스에 도움을 주려고 최선을 다했다.

메트로비즈니스협회 행사는 두 달에 한 번씩 개최되는데, 행사가 시작된 후 20분 동안은 서로에게 고마움을 표현하는 시간을 갖는다. 나의 목표는 매회 모임에서 다섯 명의 회원들에게 감사 인사를 하고, 다섯 명의 회원들로부터 감사 인사를 받는 것이었다. 지난 10년간 나는 목표를 달성했다.

든든한 인맥을 만들려면 단체에 가입하는 것은 선택 사항이 아니라 필수 사항이다.

당신의 성공 여부를 가늠하려면 당신의 참여도를 측정해 보면 된다. 즉 다시 한 번 '점점 더 법칙'을 실행하면 된다. 당신이 사람들의 일에 더 많이 관여하고 베풀수록 더 많은 관계와 친구를 얻을 수 있으며, 결과적으로 더 많은 돈을 번다.

명심할 것은 돈을 바라고 이 모든 것을 하려고 한다면 시작도 하지 마라! 순수한 마음으로 인간관계를 맺고 도움을 주려 한다면, 장담컨대 돈 이상의 가치를 얻게 될 것이다.

친근함의
힘

당신은 친근하고 또 호감이 가는 사람인가? 친근함과 호감은 깊은 관련이 있다. 이 책의 첫 페이지를 다시 펼쳐보라.

'모든 조건이 같다면 사람들은 자신과 친한 사람들과 비즈니스를 하고 싶어 한다.'

다음 페이지를 보라.

'모든 조건이 같지 않아도 사람들은 여전히 자신과 친한 사람들과 비즈니스를 하고 싶어 한다.'

이 두 문장은 인맥을 만들고, 사람을 소개받고, 인간관계를 유지하는 데 커다란 영향을 주는 말이다. 친구friend 는 친근함friendly 이라는 단어의 뿌리이고, 친근함은 성공에 이르는 핵심이다.

친근함은 태도이기도 하다. 한결같은 긍정적인 태도는 사람들을 당신에게 끌어당겨 인맥을 만드는 기회를 더 많이 제공할 것이다.

부정적인 성격의 사람들을 보면 이 원리를 더 잘 이해할 수 있다. 당신 주변의 불친절하고, 신랄하고, 냉소적이고, 침울하고, 불친절한 사람들을 생각해 보라. 아마 당신은 평소에도 그들을 가까이하지 않을 것이다.

인맥 만들기 실습

오늘부터 사람들에게 친근해지는 연습을 해보자. 사람들에게 수시로 칭찬하고, 열 명의 사람들을 미소 짓게 만든다. 절대로 어려운 일이 아니다. 나는 항상 친근해지는 연습을 한다. 사실 이것은 '친절 운동'과 같아서 나는 매일 '친절 근육'을 푼다.

실속 없는 수다쟁이는
실속 없는 사람으로 보인다

수다 떨기의 기술에 대한 책만 여러 권이 있다. 나에게 수다란 하릴없는 이야기, 험담, 아무것도 건질 것 없고, 때로는 안 좋은 인상만 남기는 무의미한 대화일 뿐이다. 수다쟁이들은 본론과 상관없는 불필요한 말들을 많이 한다.

물론 풋볼을 주제로 하는 이야기는 매우 즐겁다. 단, 양쪽 다 풋볼 팬일 경우에. 마찬가지로 양쪽 다 사업을 한다면 사업에 관한 이야기도 좋다. 내가 말하는 수다란, 한 사람만 일방적으로 떠드는 것으로, 날씨나 지역 소식 등 별로 실속 없는 이야기일 경우가 많다. 단지 이야깃거리를 얻기 위해 뉴스를 보는 사람들은 막상 알맹이 있는 이야기는 하지 못한다.

모든 종류의 수다를 싸잡아서 비난할 생각은 없다. 단지 요점이 있는 수다, 주제가 있는 수다, 사람들을 참여하게 하는 수다, 또는 의미 있는 수다여야 한다. 이 정도라면 수다를 주제로 책을 쓴 사람들에게 비난은 면

하리라 생각한다.

진실한 관계를 만들고 싶다면 진실한 사람으로 보여야 한다. 진실한 사람으로 보이려면 진실한 대화가 기반이 되어야 한다. 진실하게 말하고, 자신감 있으면서도 상대방에게 신뢰를 주는 태도라면, 당신이 원하는 방향으로 대화를 이끌 수 있다.

그들을
감동시켜라

최근에 누군가를 감동시켜 '와우!' 하고 감탄사가 나오게 만든 적이 있는가? 자신이 한 일에 '와우!' 하고 감탄해 본 적이 있는가? 이렇게 감탄한 일은 결코 잊을 수 없는 법이다.

나는 버뱅크 힐튼호텔Burbank Hilton Hotel에 머물렀을 때 평생 잊지 못할 감동을 받았다. 호텔 측에서 미리 내 사무실에 전화를 걸어 내가 스포츠 기념품을 수집한다는 것을 알아냈고, 호텔 객실에 과일 바구니 대신 호텔 직원 30명의 서명이 담긴 야구공을 올려놓았다.

내가 그 야구공을 버리는 일이란 절대 없으며, 기회 있을 때마다 내 주변 모든 사람들에게 그 야구공을 보여 줄 것이다. 그 공을 받았을 때 내 입에서 나온 첫마디가 '와우!'였듯이 이 이야기를 할 때마다 '와우!'라는 탄성이 먼저 나온다.

사람들을 감동시키려면 창의력과 기억력, 그리고 개인화가 필요하다. 기업 행사에 초청받을 경우 행사에서 내가 입을 옷을 제공하는 회사도 있다. 선물받은 옷들은 좋은 것들이지만 행사 때나 한 번 입지, 더 이상 입지 않게 된다. 하지만 다음의 세 경우는 예외였다.

첫 번째로 플로리다 팬서스 Florida Panthers 하키 팀은 하키 티셔츠를 제공했다. 등에는 숫자 1과 내 이름이 쓰여 있었다.

두 번째로 덴버대학교 하키 팀은 맞춤형 티셔츠를 제공했다. 티셔츠에는 2004년 NCAA 하키 챔피언들의 사인이 있고, 등에는 내 이름과 숫자 1이 새겨져 있었다.

세 번째는 라이노 코트 Rhino Courts 에서 세미나를 했을 때이다. 이 회사는 농구, 테니스 등 운동 코트를 만드는 일을 한다. 하키 티셔츠 앞부분은 회사의 코뿔소 모양 로고를 수놓아 팀 로고처럼 보이게 했다. 회사 측에선 세미나 때 내가 그 옷을 입을 것인지 물었다. 내가 "물론이죠!"라고 대답하자, 티셔츠 등에 '지토머'라는 내 이름과 숫자 1을 새겨 주었다. 회사 측에선 세미나 휴식 시간에 모든 참가자들에게 참가자 각자의 이름과 숫자 1이 새겨진 티셔츠를 주었다. 나는 지금까지 살면서 그렇게 많은 감탄사를 들어 본 적이 없다. 탄성이 여기저기서 쉴 새 없이 터져 나왔다.

모든 사람은 감동을 받은 경험이 있다. 하지만 다른 사람을 감동시킨 경험은 별로 없다.

새해 계획을 세울 때 '올해는 더 많은 사람들을 감동시켜야지.'라고 생각하는 사람은 거의 없다. 하지만 볼티모어에서 야외조명 시스템 사업을 하

사람들은 말로써 당신을 판단합니다.

당신이 말하고 있는 동안 당신에 대해 판단하고,

당신을 가까이할지 멀리할지 결정하며,

당신과 인맥을 만들 것인지 결정합니다.

－제프리 지토머

는 밥 카Bob Carr는 사람들을 감동시키려고 예산까지 따로 마련하는 유일한 사람이다.

그는 무작위로 선정한 고객에게 감동을 선사하기 위해 일주일에 100달러를 쓴다. 그는 고객의 집에 자동 야외조명 장치를 설치하거나 자동 스프링클러를 설치해 준다. 1년에 52번가량 이런 일을 하니 5,200달러의 예산이 필요하다. 하지만 그는 이런 감동 이벤트를 통해 52명의 평생 팬을 얻고, 사업에서 수십만 달러를 벌어들인다. 10년 동안 이렇게 한다면, 밥은 520명의 평생 팬 혹은 충성스런 520명의 영업부 직원을 얻게 될 것이다.

당신은 5,200달러의 감동 예산을 편성해 두었는가? 5,200달러는 당신이 술집에서 쓰는 돈보다 훨씬 적을 것이다.

감동의 힘은 말로 설명할 수 없다. 감동은 고객 충성과 소개, 입소문과 광고의 원천이 된다. 또한 당신의 평판을 긍정적으로 만든다. 잠재 고객들은 당신과 비즈니스를 하면 자신도 그런 감동을 누릴 수 있지 않을까 기대하게 된다.

나는 동전으로 명함을 만들어 사람들에게 매년 2만 개를 나눠 준다. 동전 명함을 받은 사람들은 '와우!'라는 감탄사에 해당하는 말을 한다. "지금까지 받은 명함 중에서 최고로 멋지네요!" 또는 "빌, 여기 와서 이 명함 좀 봐!" 이 문장에는 정확히 '와우'라는 단어는 없지만 결국 그런 뜻 아니겠는가?

동전 명함을 나눠 줄 때는 두 가지 효과를 기대할 수 있다. 하나는 명함을 버리는 사람이 없다는 것이고, 또 하나는 명함을 받은 사람들은 반드시 다른 사람에게 보여 주고 싶어 한다는 것이다. 우리 회사는 매년 동전 명함을 보내 달라는 전화나 이메일을 받는다. 나의 동전 명함은 보는 즉시 기억되고, 회사에 대한 좋은 인상과 함께 '와우!'라는 감탄사를 만들어 낸다.

당신의 명함을 받기 위해 전화를 걸거나 요청하는 사람이 몇 명이나 되는가? 이 글을 읽으면서 동전 명함을 만들 형편이 안 된다거나, 이런 명함이 없다고 불평하는 사람이 분명 있을 것이다. 어떤 사람은 회사가 이런 명함을 안 만들어 줄 거라며 투덜거리기도 할 것이다. 그래도 방법은 있다. 자신만의 명함을 만드는 것이다!

내 고양이가
명함을 갖게 된 사연

내가 1988년에 막 샬럿으로 이사 왔을 때는 자금 사정이 좋지 않았다. 빈털터리 신세라 주변 사람에게 부탁해 내 컴퓨터로 명함 디자인을 만들었다. 이를 싼 값에 출력하고 잘라서 명함을 만들었더니 비용이 거의 들지 않았다. 그 당시 우리 회사에는 직원이 단 두 명뿐이었고, 그들도 한 시간 안에 명함을 뚝딱 만들어 냈다.

어느 날은 내 애완 고양이 리토에게도 명함을 만들어 주어야겠다고 생각했다. 나는 리토에게 '회사의 마스코트'라는 직책을 주었다. 리토는 우리 사무실의 생산성 측면에서 매우 중요한 역할을 했다. 내가 어떤 중요한 서류를 찾을 때마다 항상 그 서류 위에 누워 있었다.

내가 사람들에게 리코의 명함을 나눠 주기 시작했을 때, 샬럿 비즈니스 계에 이 이야기가 순식간에 퍼져 나갔다. "지토머 씨는 고양이에게도 명함이 있다는군!" 내가 가는 곳마다 사람들이 리토의 명함을 보여 달라고 했다. 그래서 나는 이 이야기를 소재로 칼럼을 쓰게 되었다. 칼럼이 게재되자 리토의 명함을 원하는 사람들의 요청이 쇄도했다. 고양이 명함을 받은 사람들은 이를 갖고 다니면서 다른 사람들에게 보여 주었다. 그럴 때마다 내 이야기도 빠지지 않았다.

어느 날, 내가 샬럿 네트워킹 행사장에 갔을 때 가장 잘나가는 50개 기업 중 한 회사의 사장이 다가와서 말했다. "이보게 지토머, 이 친구한테도 자네 고양이 명함 좀 보여 주게." 나는 그 낯선 사람에게 리토의 명함을 주며 이렇게 말했다. "여기 있습니다. 그리고 제 명함도 받아 두시죠. 제가 리토의 전화 담당자입니다."

이것이 이미 14년 전의 일이다. 리토가 2002년에 내 곁을 떠난 후, 나는 리토의 명함을 나눠 주지 않았지만 여전히 리토의 명함을 달라는 연락을 받곤 한다.

"냐옹이는 명함이 있는데, 멍멍이 명함도 필요하지 않을까요?"

내가 하고 싶은 이야기의 핵심은 내 고양이가 명함을 갖고 있었다는 것이 아니다. 요점은 약간의 창의력과 20달러도 안 되는 돈으로 사람들을 감탄하게 만들 수 있다는 것이다. 당신도 얼마든지 할 수 있다.

기억에 남을 만한 것은 관계를 맺는 데 도움을 준다.

이메일 매거진으로
관계를 지속하라

이메일 매거진을 통해 사람들과 연락을 유지하고 매주 모든 인맥에게 가치를 제공할 수 있으므로, 이메일 매거진의 가치를 간과할 수 없다.

나는 이메일 매거진의 전문가가 아니다. 하지만 고지가 바로 눈앞에 있고 이메일 매거진으로 돈까지 벌고 있다. 그러나 돈을 벌 목적으로 이메일 매거진을 보내는 것이 아니라 매주 12만 명에게 가치 있는 메시지를 전달하려는 것이다.

9.11 테러 이전인 2000년부터 미국 경제는 좋지 않았다. 나는 고객들에게 가치 있는 메시지를 제공함으로써 그들에게 다가가길 원했다. 이런 이유로 고객들에게 쉽고, 빠르고, 비용도 거의 들지 않는 이메일 매거진을 보내기 시작했다.

나는 잡지의 구성과 디자인 모두 중요하다고 믿었다. 우리 회사의 디자이

너들이 만든 그래픽을 활용해 HTML로 변환하고, 호스트 서비스 업체를 찾아낸 뒤 유용한 정보로 가득한 이메일을 보냈다. 처음 시작할 때는 회사의 고객 리스트를 사용했다. 그렇게 해서 2,100명의 고객들이 2001년 11월 13일에《세일즈 카페인》창간호를 받아 보게 되었다.

당시 내가 세운 목표는 경제 침체 기간 동안 고객의 세일즈에 도움이 되는 정보를 제공하는 것이었다. 이를 위해 1,000명의 고객을 대상으로 가장 필요한 도움이 무엇인지 조사하고 이를 토대로 잡지를 만들었다. 대략 6년 동안, 내 독자들의 질문에 답하고 세일즈 아이디어를 제공하면서 그들의 요구 사항과 관심사를 접하고 있다. 또한 다른 전문가나 독자들로부터 얻은 아이디어도 공유했다.

《세일즈 카페인》은 실질적인 조언과 함께 세일즈 성공담도 제공하고 있으며, 세일즈 초급, 중급 및 고급 세일즈맨에 이르기까지 그들의 일에 자신감과 확신을 심어 주었다. 내 칼럼을 좋아하는 사람들과 점점 늘어나는 고객층 덕분에 잡지에서 다루는 내용이 늘어났고 현재의 수준까지 성장했다. 250호가 발행되는 동안 구독자 수는 12만 명으로 늘어났고, 해마다 잡지 디자인도 새롭게 개편하고 있다. 나를 비롯하여 담당자들은《세일즈 카페인》웹사이트에 전력을 기울이고 있다.

이메일 매거진을 제작하면서 문제는 없었냐고 묻고 싶은가? 글쎄, 서버 충돌, 목차 차단, 잘못된 주소로 메일을 보내거나 사소한 기술적 결함 등을 제외하고는 없었다. 현재《세일즈 카페인》은 세일즈 업계에서 가장 많은 구독자를 보유하고 가장 신뢰하는 정보 매체 중의 하나로 인정받고

매주, 당신의 모든 인맥과

가치 있는 정보로 소통하라!

—제프리 지토머

있다. 앞으로 나는 3년 이내에 구독자 100만 명을 목표로 노력할 것이다.

당신은 자신의 전문 분야를 다룬 이메일 매거진을 어떻게 준비할 것인가? 현재 고객의 충성도를 유지하고, 새로운 고객을 만나는 발판을 마련할 수 있을까? 또 새로운 수입원을 창출하는 계기를 마련할 수 있는가? 여기 이메일 매거진을 만드는 데 도움이 될 사항들이 있다.

당신이 복사기나 컴퓨터 같은 제품을 공급하고 있다면 제품의 생산성, 수익성, 이미지, 그리고 직원의 사기 진작 등 당신의 제품이 창출해 낼 수 있는 장점들을 부각시켜야 한다. 또한 세일즈나 서비스와 관련된 정보를 제공해야 한다.

당신이 회계사처럼 서비스 업종에 종사한다면 금융, 절세, 재테크 등과 관련된 정보를 함께 공유해야 한다.

당신이 보험 설계사처럼 생활과 관련된 업종에 종사한다면 건강, 질병 예방, 식습관, 음식, 웰빙, 그리고 생활을 윤택하게 하는 것들에 관한 정보가 적합하다.

핵심 사항은 유용한 정보, 실질적으로 도움이 되는 정보, 비즈니스에 도움이 되는 정보, 이익과 생산성을 높이는 정보여야 한다.

자기 자신에게 다음의 질문을 해보자.

첫째, 현재 내 고객들의 가치는 어느 정도인가? 내가 이들과 인맥을 유지하고 경쟁자들에게 고객을 빼앗기지 않으려면 무엇에 투자해야 하는가?

둘째, 새로운 고객은 얼마나 가치가 있는가? 첫 프레젠테이션 후에 이들과 지속적으로 연락할 수 있는 방법은 무엇인가?

셋째, 경쟁자와 차별화하는 방법은 무엇인가? 이메일 매거진이 도움이 될까? 이에 대한 대답은 간단하다. 당신의 경쟁자가 내일부터 이메일 매거진을 발행한다고 가정해 본다. 어떤 기분이 드는가?

넷째, 생명 줄과 같은 나의 고객에게 가치 있는 정보를 제공하고 있는가?

다섯째, 내 이메일 매거진에는 얼마나 전문적인 내용을 담아야 할까?

여섯째, 고객들 앞에 서는 것이 나에게 얼마나 중요한가? 그것을 위해 나는 무엇을 하고 있나?

친밀감을 만들고 연관성을 찾아라

두 사람 사이의 인간관계·연결·합의·조화·동의 등 다양한 말로 표현될 수 있는 '친밀감 Rapport'은 관계 맺기 과정에서 나타나는 미묘하면서도 중요한 측면이다.

잠재 고객과의 공통된 관심사를 찾아낼 수 있다면 비즈니스 관계에서도 친분을 쌓을 수 있다. 사람들은 세일즈맨보다는 친구에게 상품을 구매하고 싶어 한다.

친밀감을 만들기 위해 당신은 어떻게 할 것인가? 대화를 할 때 비즈니스 외에도 공통의 관심사를 찾아낼 수 있는가?

네트워킹 행사장에서 친밀감 만들기

네트워킹 행사에서 잠재 고객과 친밀감을 형성하면 인맥 만들기 능력을 향상시킬 수 있다. 네트워킹 행사에서 인맥 만들기 능력을 극대화시키고 싶다면 다음 지침을 따른다.

상대방을 이미 알고 있고, 일과 관련해서 용건이 있다면 일에 대해 2분 정도 이야기한다. 상대방이 당신이 모르는 누군가와 대화하고 있다면 소개를 받고 당신이 함께 해도 되는 자리인지 알아본다. 당신이 알고 있는 상대방이 당신의 고객이라면, 공통의 관심사를 찾아보면서 그들과 몇 분 정도 더 함께 한다. 새로운 사람과 약속을 잡았다면 명함을 한 장 더 받아 명함 뒷면에 즉시 약속 날짜를 적는다. 어떠한 경우라도 5분이 넘으면 다른 사람에게로 자리를 옮긴다.

상대방이 처음 만나는 사람이라면, 30초 동안 당신에 대한 개인 광고를 한 다음 상대방이 어떤 일을 하는지 물어본다. 상대방이 자신을 소개하고, 둘 사이의 공통된 관심사를 알아낼 때까지는 당신의 상품을 팔려고 시도하지 마라. 상대방이 당신 회사의 상품과 비슷한 타사 상품을 사용한다면, '예', '아니요'가 아닌 그들의 생각을 들을 수 있는 질문을 한다. 가령 어떻게 사용하는지, 또 누구를 통해서 구매했는지, 사용 소감은 어떤지 등을 물어보는 것이 좋다.
이렇게 잠재 고객의 관심을 끄는 질문을 하면 대화를 이어 갈 수 있고 상대방이 자신에 대해 말하게 된다. 즉, 그들은 자신에 대해 스스럼없이 말할 것이다. 그들이 개인적인 이야기를 한다면, 즉시 이를 대화의 주제로 삼는다.

상대방이 잠재 고객이고, 그들의 관심을 이끌어 내고 싶다면 그들의 개인적인 관심사를 찾아낸다. 사업상의 이야기를 끝낸 후에는 근무시간 후에 무엇을 하며, 다음 주말에 무엇을 할 예정인지 물어본다. 혹은 앞으로 열리거나 끝난 지 얼마 안 된 스포츠 경기나 영화, 콘서트 또는 비즈니스 행사에 관한 이야기도 좋은 소재가 된다.

상대방에 대해 조금씩 알아 나간 후에야 다음 단계로 넘어갈 수 있다. 즉 "이 행사 후에 나중에 따로 만나서 이야기를 더 나누는 건 어떻습니까?"라고 물어서 약속을 잡을 수 있다.

하지만 상호 관심사에 너무 많은 시간을 소비하지 않도록 유의한다. 좋아하는 주제로 이야기를 나누다 보면 30분이 그냥 흘러간다. 다른 사람들과 만날 수 있는 기회를 날려 버려서는 안 된다. 관심사는 다음 주에 점심 약속을 잡아서 마저 끝낼 수 있으므로 다른 잠재 고객을 향해 발길을 돌려라.

대화가 끝나면 받은 명함 뒤에 재빨리 대화를 통해 알게 된 그 사람의 정보를 적는다. 그리고 행사장을 떠나기 전에 다음 약속을 잡아라.

네트워킹 행사에서 인맥을 형성하면서 친밀함을 나눈다면, 다음번 만남에서 이용할 수 있는 대화 소재를 얻게 된다.

전화 통화로 친밀감 형성하기

전화상으로 친밀감을 형성하는 경우를 보자.

고객과 약속을 잡거나 후속 연락을 위해 전화를 걸 때 유념해야 할 세 가지가 있다.

첫째, 15초 내로 본론에 들어가야 한다. 세일즈를 위한 전화라면 본론으로 바로 들어가면서 친밀한 관계를 만들어야 한다. 전화를 건 목적을 바로 밝히라는 것이다. 관심도 별로 없으면서 "요즘 어떠십니까?"라는 말은 필요하지 않다. 이것은 말을 꺼내기 위한 구실에 불과하다. 곧바로 당신의 이름, 회사명, 그리고 잠재 고객에게 어떤 도움을 줄 수 있는지 밝힌다. 이렇게 하고 나면 양쪽 모두 안도감을 느낀다. 잠재 고객은 당신이 전화한 용건을 알게 됐으니 안도하고, 당신은 잠재 고객이 전화를 끊지 않은 것에 안심하게 된다. 이제는 친밀감을 형성하거나 약속을 잡는 임무에 착수한다.

둘째, 재미있고 유머 있는 사람이 되어야 한다. 잠재 고객의 태도가 형식적인가, 아니면 우호적인가? 대화 중에 최소한 두 번은 상대방을 웃게 만들어야 한다. 사람들은 웃는 것을 좋아하므로 간단하고 깔끔한 1분짜리 이야기나 재미있는 농담을 한다. 이 방법이 10분 이상의 세일즈 관련 대화보다 친밀감 형성에 더 효과적이다.

셋째, 잠재 고객의 개인적인 정보를 파악한다. 개인적인 질문을 한 뒤 잠재 고객이 하는 말에 귀를 기울이면 좀 더 세밀한 정보를 얻을 수 있다. 전화 통화를 한 지 몇 분도 안 돼서 그 사람의 현재 기분과 출신 지역, 성격이 드러나기 마련이다. 고객이 하는 말을 주의 깊게 듣고 현명하게 대처해야 한다. 그들이 퉁명스럽게 말한다면 "지금 매우 바쁘신가 봅니다. 나중에 통화 가능한 시간을 알려 주시면 다시 연락 드리겠습니다."라고 말한다.

나는 상대방의 억양도 주의 깊게 듣는다. 억양을 통해 그들의 고향이 어디인지 파악할 수 있기 때문이다. 만일 당신과 같은 지역 출신이거나, 그곳에 가 본 적이 있다면 훌륭한 이야기 소재가 된다.

개인적인 관심사를 통해 약속을 잡는 방법도 있다. 예를 들어 당신의 잠재 고객이 농구 팬이라면 이렇게 말할 수 있다. "컴퓨터에 대해 모르는 것을 도와 드릴 수 있습니다. 10분 정도면 됩니다. 10분 중 5분은 제가 어떻게 도울 것인지 보여 드리고, 나머지 5분은 피스톤즈 프로 농구 팀이 어떤 선수를 뽑아야 할지 이야기합시다."

일대일로 직접 만날 때 친밀감을 형성하라

잠재 고객의 사무실은 친밀감 형성의 단서를 찾을 수 있는 좋은 장소이다. 사무실 문을 열고 들어가면서 이야기 소재가 될 만한 것들을 재빨리 찾아라. 사진, 벽에 걸린 상장, 일과 관련되지 않은 분야의 잡지 등이 훌륭한 단서가 된다. 또한 자녀들의 사진이나 행사 관련 사진, 책장에 꽂혀 있는 책들, 학위증, 개인적으로 좋아하는 것, 상이나 트로피가 있는지 살펴본다.

만일 상이나 트로피가 있다면 이것에 대해 물어보라. "언제 받은 것입니까?"라는 질문과 동시에 개인적인 이야기가 쏟아져 나올 것이다. 벽에 걸려 있는 학위 증명서나 사진에 대해 질문하라. 당신의 잠재 고객은 자신들이 성취한 일, 좋아하는 일에 대해 질문받는 것을 기쁘게 여기고 신이 나서 이야기할 것이다.

대화를 하는 동안 공통점을 찾아라. 잠재 고객과의 공통 관심사에 대해 구체적인 답이 나올 수 있는 질문을 던져 그들의 주의를 이끌어 내라. 그들과 공통점을 갖고 있는 분야에 대해 잘 안다면 유리하겠지만, 당신의 목적은 그들이 좋아하는 분야에 대해 이야기하도록 유도하는 것이다. 상대방을 웃게 할 수 있다면, 긍정적인 단계로 들어선 것이다.

만일, 잠재 고객이 당신의 사업장을 방문하는 경우라면 그에 대해 알 만한 단서가 없다. 이렇게 되면 친밀감 형성을 위한 공통점을 찾기가 어려우므로 당신의 관찰력을 최대한 동원해야 한다. 옷차림, 자동차, 반지, 인상적인 물건들, 명함, 또는 그들의 성격에 대해 단서가 될 만한 것을 찾아야 한다.

친근하게 대하고 피상적인 이야기나 단답형의 질문은 피한다. 피상적인 질문이나 이야기, 가령 날씨나 "그 장소가 마음에 드시나요?" 같은 질문은 절대로 좋은 대화 소재가 아니다.

그 대신 지난 주말을 어떻게 보냈는지, 이번 주말 계획은 무엇인지 묻는다면 대화를 이어 나갈 수 있는 좋은 질문이 된다. 최근에 본 영화나 책도 좋은 소재이다. 단, 정치나 개인적인 문제에 관한 것은 피한다. 그리고 당신의 개인적인 문제를 늘어놓거나 한탄하지 마라.

사람들은 자신에 대해 이야기하는 것을 좋아하지만, 질문을 할 때는 적절히 해야 한다. 일단 말문을 열기 시작하면 중간에 끊기가 힘들기 때문이다. 당신의 목적은 질문을 통해 둘 다 잘 알고 있거나 관심이 있는 주제, 아이디어, 혹은 어떤 상황을 찾는 것이다.

친밀감을 형성하기 위해서는 귀중한 시간이라도 기꺼이 할애해야 한다. 당신의 임무는 가치 있는 인맥을 만드는 것이다. 세일즈 프레젠테이션을 하기도 전에 잠재 고객과 친구가 되었다면 임무를 성취할 가능성도 높아진다.

상대방과의 연관성을 찾아내면, 그는 당신에게 호감을 갖고 신뢰하며 더 깊은 관계가 된다. 인맥을 만드는 최고의 방법은 먼저 사람의 마음을 얻는 것이다.

친밀감 형성에 대한 정보는 《세일즈 시크릿 열정The Little Red Book of Sales Answers》에서도 찾아볼 수 있다. 그리고 당신이 인간관계의 중요성과 힘을 마침내 이해할 때까지 다른 책에서도 계속 나올 것이다.

만남을 진정한 관계로
발전시키는 비결

다음은 만남을 진정한 관계로 발전시키기 위해 당신이 해야 할 기본적인 것들이다.

- 그들이 어떤 사람이며 무엇을 원하는지 알아야 한다.
- 그들과 친해져야 한다.
- 당신이 어떤 도움을 줄 수 있는지 알아야 한다.
- 그들에게 필요한 정보를 주기적으로 제공하며 대화를 시작한다.
- 시간이 지날수록 그들에 대해 더 많이 알기 위해 노력한다.
- 사람들이 진심을 드러내기까지는 시간이 걸린다는 것도 알아야 한다.
- 어떤 징후가 나타나면 주의를 더 기울이고 당신의 직감을 따른다.
- 당신이 말한 것은 실천으로 옮긴다.
- 당신이 필요로 하는 것과 원하는 것을 그들에게 알린다.

주고받기(Give and Take)의 원래 규칙은

받기 전에 먼저 주는 것이다.

—제프리 지토머

사람들이 당신에게 더 많은 호감을 가질수록, 당신에게 유용한 정보를
제공받는다고 느낄수록 관계는 발전한다. 받기 전에 먼저 주어라.

끌어당김의
법칙과 비밀

이 말이 매혹적으로 들릴 것이다. 그러나 내가 지금 밝히려는 것은 비밀이 아니라 일종의 '과정'이다. 진짜 비밀은 '아주 극소수의 사람만이 이를 실천하고 있다.'라는 것이다. 그렇기 때문에 수년 동안 꾸준하게 노력한다면 반드시 좋은 결과를 얻을 것이다.

또 다른 비밀은 그 결과가 매우 느리게 나타나기 때문에 도중에 지치고 만다는 것이다. 그래서 대부분의 사람들은 중간에 포기하기도 한다. 그렇다, 금광을 바로 눈앞에 두고 포기해 버리는 것이다. 지금 시작하고, 일단 시작하면 끈질기게 버텨서 절대 포기하지 마라!

끌어당김의 법칙 《《《 당신에게 'Yes!'라고 말할 사람들에게 먼저 가치를 제공하라.

끌어당김의 법칙 공식은 다음과 같다.

· 당신의 가치와 유용한 정보를 모아 글로 제공한다.

· 기존 고객 및 잠재 고객과 직접 또는 글을 통해 만날 수 있는 곳을 생각한다.

· 자신을 여러 방면으로 노출시킨다.

· 직접적인 만남 또는 글을 통해 당신의 생각을 드러낼 수 있다면, 이제는 많은 사람들 앞에서 말할 차례이다. 즉, 단체를 대상으로 말할 수 있어야 한다.

· 일단 당신을 노출시키기 시작했다면 끌어당김의 씨앗을 심은 것이다. 결과는 당신이 얼마나 자주 물을 주고 가꾸느냐에 달려 있다.

나의 주간 칼럼의 마지막 줄에 보면 'GitBit'이라는 말이 들어간다. 이것이 나만의 끌어당김의 법칙 중 하나이다. 사람들은 내 칼럼을 읽고 난 후에 웹사이트를 방문해 Free GitBit을 이용해 더 많은 정보를 얻는다. 이들은 내 팬일 수도 있고, 열정에 불타는 세일즈맨일 수도 있고, 혹은 둘 다일 수도 있다. 나는 내 칼럼에 더해 더 많은 가치를 제공함으로써 사람들을 끌어당기고, 그들이 어떤 사람들인지 더 잘 알게 된다.

8

Part 8 인간관계의
가치

'6단계 분리 이론'에 대한 잘못된 생각

이 이론은 1929년 헝가리 작가 프리제시 카린시_{Frigyes Karinthy}의 저서 《체인_{Chains}》에서 처음으로 제시되었다. 이 이론에 따르면 우리는 여섯 사람만 거치면 누구와도 닿을 수 있다. 아는 사람을 6단계만 거치면 결국에는 대통령이나 심지어 더 영향력 있는 사람과도 연결된다는 것이다.

하지만 정말로 원하는 사람과 닿기 위해서 6단계를 거쳐야 한다면, 그 단계의 마지막 사람과 닿을 가능성은 제로이다.

영향력 있는 사람과 인맥을 만들고 싶다면, 그들이 당신과 관계를 맺고 싶어 할 만한 이유나 가치가 있어야 한다. 이렇게 된다면 당신이 중간에 거쳐야 할 모든 단계들을 건너뛸 수 있다.

현실에서는 굳이 3단계 더욱이 6단계까지 거치지 않고 한두 단계만으로도 훌륭하게 관계를 확대해 나갈 수 있다.

1단계의 인맥을 만드는 가장 좋은 방법은 우선 당신이 속한 그룹을 살펴보는 것이다. 개인적으로 아는 사람들 가운데 가장 영향력 있는 사람이나 가장 넓은 인맥을 갖고 있는 사람을 찾는다. 그 사람을 통해 당신이 만나고 싶은 사람들과의 관계를 한 단계로 줄일 수 있는지 확인한다. 이런 방법으로 당신은 다른 사람들과 인맥을 형성할 수 있는 가능성이 높아진다. 특히, 당신이 1단계로 연락한 넓은 인맥을 가진 사람이 당신의 친구라면 추천을 받는 데 더 유리하다.

거쳐야 할 단계가 적을수록 인맥을 만들 수 있는 가능성이 더 높아진다.

인맥 만들기 실습

당신이 인맥을 만들고 싶은 다섯 사람의 이름을 적는다. 각각의 이름 옆에 그들과 관계를 맺는 데 도움을 줄 수 있는 사람의 이름도 적는다. 이 실습을 성공적으로 하려면 두 가지를 해야 한다. 당신이 만나고 싶은 사람의 관심을 끌 만한 것, 또는 가치 있는 제안을 준비하는 것이다. 그런 다음 당신에게 도움을 줄 수 있는 다섯 사람에게 전화를 건다.

당신의
새로운 혈액형 N⁺ Networking Positive

인맥을 통해 우리는 새로운 인간관계를 형성하고 관계를 돈독히 할 수 있다. 한마디로 사람들이 한없이 쏟아져 나오는 맑은 샘물에서 자신에게 도움이 될 관계를 끊임없이 만들 수 있다. 인맥 형성은 비즈니스 기술과 융합된 사회적 기술이자 생활의 기술이다. 인맥 만들기, 즉 네트워킹은 근무시간 외에 하는 일종의 비즈니스 레저 활동이므로, 출근해서 퇴근 전까지 정신없이 일하는 것과는 상반되는 개념이다. 네트워킹의 효율성을 극대화하기 위해 지켜야 할 규칙이 하나 있다.

네트워킹에 성공하려면 고객 또는 잠재 고객이 가는 곳이나 갈 만한 곳으로 가야 한다.

인맥 만들기는 세일즈맨이나 기업가, 또는 비즈니스 분야에 종사하는 사람들이 의무적으로 해야 하는 일이다. 과학자, 엔지니어, 그리고 의사 등 다양한 전문직 종사자들도 한자리에 모이는 연례행사에 참석한다. 전시회나 컨퍼런스 같은 큰 규모의 행사는 전 세계의 판매자와 구매자를 끌어들인다.

중요한 비즈니스 행사는 사람들에게 네트워킹을 할 수 있는 무한한 기회를 제공한다. 이곳에서 사람들은 모임도 갖고, 친분을 쌓기도 하며, 의무적인 행사에도 참여한다. 그러나 관계 형성을 위한 좋은 기회를 활용하는 방법은 잘 모른다. 자신 앞에 놓여 있는 비즈니스 기회를 그냥 흘려보내고, 단지 3일간의 파티에 왔다고 생각한다.

네트워킹 행사는 어영부영 시간을 보내며 놀라고 개최하는 것이 아니다. 모든 네트워킹 행사의 목적은 당신이 기존에 가지고 있던 나쁜 인상을 지우고 사람들과 지속적인 관계를 만드는 것이다.

FREE GIT BIT

인맥 만들기에 좋은 장소는 《세일즈 시크릿 열정 The Little Red Book of Sales Answers》을 참고하세요. www.gitomer.com에 회원 등록을 한 다음 GitBit 박스에 'PLACES'라고 쳐도 정보를 볼 수 있어요.

연관성을 찾아 깊은 관계를 맺어라

당신이 좋아하는 것, 자란 곳, 또는 여행한 곳을 떠올려 보라. 당신이 졸업한 학교, 좋아하는 스포츠 팀, 즐겨 하는 스포츠도 떠올려 보자. 이런 것들은 개인적인 것들이지만 동시에 당신의 열정이기도 하다.

다른 사람들과 관계를 맺으려 할 때, 그들 역시 당신과 같은 열정을 갖고 있다는 사실을 유념하라.

당신이 상대방과 같은 열정을 갖고 있거나 연관성을 찾을 수 있다면, 일상적인 관계에서 개인적인 관계로 발전할 수 있다.

나는 연간 100여 개의 세미나 요청을 받는다. 나는 세미나 개최 전에 주최 측에 전화를 해 사전 협의를 한다. 1시간 정도 통화하면서 그들의 비즈니스에 걸맞은 내용을 준비하고자 함이다.

시아 커머셜Shea Commercial사와 사전 협의를 할 때였다. 나는 평소처럼 세미

세일즈를 성사시키자면서

고객에게 소개를 부탁하는 것은 최악의 방법이다.

고객에게 가치를 제공한 후 소개를 부탁하는 것은 그래도 괜찮은 방법이다.

고객이 알아서 추천해 주는 것은 더 좋은 방법이다.

고객에게 먼저 소개를 해 주는 것, 그것이 가장 좋은 방법이다.

—제프리 지토머

나 주제가 무엇이고 어떤 사람들이 참석하는지 확인하려고 대화를 시작했다. 짐 리그스_{Jim Riggs}는 이 회사의 설립자이자 CEO로서, 애리조나 주 피닉스에서 콘도 개발 사업으로 크게 성공한 사람이었다. 그와 대화를 하면서 그가 필라델피아 사람임을 알아차렸다. 그래서 그에게 어디 출신이냐고 물어보았다. "필라델피아 외곽입니다." 내 생각대로였다. "그러십니까? 저도 필라델피아 출신입니다. 어느 도시에 계셨는데요?" "하돈필드_{Haddonfield}라는 곳입니다." 정말로 놀라웠다. "세상에나! 저도 그렇습니다. 킹 하이웨이 몇 번가에 사셨습니까?" "웨스트 143번이었습니다." "저희 집은 킹 하이웨이 148번이었습니다."

알고 보니 그는 우리 집 길 건너편에 살았다. 그의 아버지는 나의 친구들을 비롯해 그 동네 아이들을 거의 다 받아 낸 산부인과 의사였다. 그는 내게 반가운 소식도 전했다. "저희 아버지도 세미나에 참석하실 겁니다. 제 투자자 중 한 분이시거든요."

나는 그 전에 짐 리그스를 만난 적이 없었지만 그가 하돈필드를 언급한 순간부터 우리는 친구가 되었다. 우리는 추억을 더듬으면서 20분 동안 하돈필드고교의 레슬링 팀, 형편없었던 풋볼 팀, 자주 가던 식당이나 상점 등에 관해 이야기를 나눴다. 우리의 연결점인 뉴저지의 하돈필드를 통해 유대감을 형성할 수 있었던 것이다.

마침내 그를 직접 만났을 때, 우리는 오랜 친구 같았다. 그의 아버지 또한 친구의 아버지처럼 느껴졌다.

넷위빙 NetWeaving™의
비밀

젊은 시절의 나는 아버지가 서로의 비즈니스에 도움이 될 만한 사람들을 연결해 주는 것을 보며 자랐다.

하루는 아버지에게 물었다. "사람들을 소개해 주고 아버지가 얻는 건 뭐예요?" "없는 것 같지만 많지. 그들이 내게 돈을 내지는 않지만, 다른 방법으로 돌려준단다." "하지만 저는 이해가 안 돼요." "계산 없이 다른 사람들을 도와주면 너도 부탁하지 않은 것들을 얻게 된단다."

아버지는 이것이 일종의 우주의 법칙인 양 말씀하셨다. 여전히 이해할 수 없었지만 나는 그냥 "네."라고 대답했고, 아버지는 "제프리, 너도 언젠가는 알게 될 거다."라고 말씀하셨다.

아버지는 오랜 시간 동안 자신의 철학을 실천하면서 항상 다른 사람들을 도우셨다. 그리고 종종 이에 대한 보상을 받으셨다.

나는 내가 보고 자란 대로 아버지가 하신 일을 따라 하게 되었다. 이해득

실을 따져 본 적도, 그 효과에 대해 의심해 본 적도 없다. 그냥 아버지가 하신 대로 했다. 그리고 나 역시 보상을 받고 있다. 그것도 매우 자주!

나는 나중에야 '넷위빙 NetWeaving, 그물 짜기'이라는 것을 주창한 사람이 있음을 알게 되었다. 애틀랜타의 밥 리텔 Bob Littell이라는 사람은 이에 대한 책도 썼다. 제법 괜찮은 책이다.

밥은 넷위빙 행사에 나를 두 번이나 특별 손님으로 초청했다. 한 번은 내 세미나가 끝난 후 개최된 공적인 행사였고, 다른 한 번은 다음날 저녁에 열린 규모가 더 작은 사적인 행사였다.

150명가량이 모인 첫 번째 행사에서는 전통적인 네트워킹 과정에서 더 큰 효과를 얻을 수 있는 방법에 대해서 배웠는데, "저를 위해 무엇을 해 주시겠습니까?"가 아니라 "무엇을 도와 드릴까요?"가 이 행사의 주 콘셉트였다. 얼마나 멋진 개념인가!

이는 확실히 효과가 있어서 넷위빙에 대한 소개와 간략한 강의가 끝난 후에도 자리를 뜨려고 하는 사람이 하나도 없었다.

더 작은 규모로 열린 두 번째 행사는 멋진 스파에서 개최되었다. 애틀랜타 도심에 있는 이 스파는 온갖 종류의 스파 서비스와 과학적인 스킨 케어 서비스를 제공해 고객이 자신을 소중한 존재로 느낄 수 있게 해 주었다. 대략 50여 명의 저명인사들이 다른 사람들에게 도움을 주려고 한자리에 모였는데, 그 결과는 놀라웠다. 모두들 다른 사람들에게 도움을 주려고 몇 시간 동안이나 그곳에 머물렀다. 자신의 것을 선뜻 내주면서 말이다.

당신도 넷위빙을 하고 싶은가? 그렇다면 최고의 사람들과 시작하라. 절친한 친구와 가장 많이 접촉하는 사람들, 가장 영향을 주는 사람들, 그리고 최고의 잠재 고객들까지 한자리에 초대하라. 모임의 규모가 반드시 클 필요는 없다. 각자 다른 사람들을 위해 할 수 있는 것이 있으면 된다.

좋은 소식은 넷위빙이 터무니없다고 생각하는 사람은 아예 모임에 참석하지도 않는다는 것이다. 더 좋은 소식은 이 모임에 참석하는 사람들은 넷위빙에 적극적으로 참여한다는 사실이다. 무엇보다 가장 좋은 소식은 비즈니스를 할 기회가 도처에서 나타난다는 것이다.

이런 모임이 가진 힘에 대해 생각해 본 적이 있는가? 당신은 기존 네트워킹 행사에서 여기저기 기웃거리면서 몇 사람과 인사하고 연락처를 받는 것이 전부였다. 하지만 넷위빙 행사에서는 모든 사람들이 당신과 관계를 맺으려고 애를 쓴다. 와우!

쉽게 말해, 넷위빙은 사람들을 연결시켜 주고, '뿌린 대로 거둔다.'는 믿음을 토대로 다른 사람을 자발적으로 도와주는 것이다. 흥미로운 사실은 넷위빙에 관여한 사람들이 새로운 비즈니스 마인드를 갖게 된다는 것이다. 즉, 다른 사람들이 어떤 도움을 필요로 하는지 알게 되고, 동시에 당신의 인맥을 최대한 활용해 도와주려 한다. 이런 노력은 보상만큼이나 위대한 것이다.

모든 일이 그렇듯이 넷위빙을 완전히 자신의 것으로 만들고, 최대한 활용하기 위해서는 행사장 밖에서도 이를 실행해야 한다. 밥 리텔은 현재 이 분야의 대가이다. 그는 보험 설계사이지만 보험을 팔지 않는다. 대신 다른 사람들이 성공할 수 있는 기회를 만들어 준다. 그러면 사람들은 자연스레 그에게 보험을 든다.

증거가 있냐고? 내가 직접 경험했다. 나는 두 번의 넷위빙 행사에서 사람들의 열정을 보았다. 넷위빙이 꼭 영향력 있는 사람만 할 수 있는 것은 아니다. 다른 이를 돕겠다는 마음이 있는 사람이라면 누구든 할 수 있다. 이것이 비즈니스의 모습이다. 누군가로부터 도움을 받으면 당신도 다른 사람을 돕고 싶은 마음이 들 것이다.

나의 비즈니스 철학은 '먼저 가치를 제공하는 것'이다. 사람들은 나의 칼럼을 읽고 더 많은 것을 알고 싶어 한다. 나는 이를 11년 동안 매우 성공적으로 해 왔다. 앞으로도 25년 정도는 계속 칼럼을 쓰며 가치를 제공할 것이다. 나는 칼럼을 써서 수백만 명의 친구를 만들었다. 그리고 이 친구들은 언젠가 나의 비즈니스 파트너가 될 수 있다. 이것이 바로 넷위빙의 힘이다.

전략적 제휴 관계로
고객 소개받기

"제프리 씨, 소개를 더 많이 받을 수 있는 비결은 무엇인가요?"

"간단합니다. 사람들에게 더 많은 소개를 해 주는 것이죠."

추천의 비결은 먼저 소개해 준 다음 소개받는 것이다.

중요한 질문 두 개를 던지겠다.

첫째, 당신의 고객을 다른 사람에게 기꺼이 소개할 수 있는가?

둘째, 다른 사람이 자신의 고객을 당신에게 기꺼이 소개할 수 있을까?

상호 신뢰가 있다면 대답은 'Yes!'이다. 만약 'No!'라고 생각하면 이 책을 덮고 세일즈 판촉 전화나 하라.

당신이 손쉽게 추천을 받을 수 있는 확실한 방법은 전략적으로 제휴 추천을 하는 것이다. 여기에는 전제 조건들이 따른다.

· 세일즈 철학이 '관계 형성'이어야 한다.

· 자신의 일에 대한 자부심이 있어야 한다.

· 세일즈 업무를 잘 처리하는 사람이어야 한다.

· 약속을 완벽하게 실천하는 사람이어야 한다.

· 세일즈 성사 이후에도 완벽한 서비스를 제공한다.

· 언제든 고객의 사업을 도울 준비가 되어 있어야 한다.

· 사람들에게 좋은 인상을 주고 존경받는 사람이어야 한다.

· 모임에 능동적으로 참여하는 사람이어야 한다.

나는 표어나 슬로건의 상표권 등록 문제로 변리사와 자주 업무를 하는데, 우리의 관계가 발전하고 친분이 두터워지자 나의 고객들이 특허나 상표권 문제로 변리사가 필요할 때 내 변리사를 소개해 주었다. 그는 특허 고객들 중 마케팅이나 세일즈 기술이 부족한 고객들을 나에게 소개해 주었다. 완벽한 제휴 관계가 탄생한 것이다.

이후 나는 다른 분야나 시민 단체 활동도 하게 되었다. 내가 받는 소개는 지붕을 뚫을 지경이 되었다.

전략적 제휴 관계는 소개를 부탁하는 것만을 의미하지 않는다. 모든 사람들에게 이익이 되도록 당신의 고객과 비즈니스 파트너, 그리고 지역사회를 기반으로 하는 시민 단체들에게 봉사함으로써 전략적 제휴 추천을 얻을 수 있다. 이는 다른 사람들을 동참시켜 모든 사람들, 특히 당신이 이익을 얻는 전략이다.

이 개념의 이점은 무엇인가? 이 제휴를 어떻게 활용할 수 있나?

첫째, 신뢰를 얻는다. 당신의 회사가 더 신뢰받기 위해서는 상공회의소나 여러 파트너, 혹은 큰 큰 규모의 기업들과 제휴하라. 또는 수익의 일부를 자선단체에 기부하면 단체의 이름을 홍보에 이용할 수 있어 도움이 된다.

둘째, 감동을 주어 사람들의 마음을 얻으면 세일즈 실적이 오른다. 선물 배달 사업을 하는 기업과 제휴를 맺어 당신의 고객이 할인된 가격으로 상품을 구매할 수 있게 하라. 당신은 더 근사한 존재가 되고, 당신과 제휴 관계에 있는 사업도 구매 문의를 받을 수 있다. 지금 당장 사무용 화분, 꽃, 티켓, 또는 선물 바구니 판매 업체를 물색하라.

셋째, 의사 결정권자에게 연결된다. 당신의 목표 고객들과 이미 비즈니스를 하고 있는 사람과 제휴를 맺는 방법을 찾아라. 이들은 제휴를 맺을 최고의 상대들이다.

넷째, 구매 문의를 더 빨리 받는다. 당신의 제품 판매에 필요한 단계를 파악하라. 우선 당신의 잠재 고객과 거래하는 사람들을 만나 세일즈가 가능한지 확인한다. 잠재 고객의 기존 계약자, 장비 판매자, 유통업자, 또는 납품업자들이 좋은 후보자이다. 잠재 고객이 당신의 제품이나 서비스를 필요로 하기 전에 먼저 이들을 찾아 인맥을 만든다.

다섯째, 새로운 잠재 고객을 만든다. 리더십 클럽이나 비즈니스 클럽, 다양한 전문 협회에 가입해 비즈니스 인맥을 구축한다.

여섯째, 기존 고객과 비즈니스 관계를 공고히 하고 그 범위를 확장한다. 그들이 속한 동업자 단체나 상공회의소 등에 가입하라.

전략적 제휴 관계를 찾아 발전시키면 혼자 감당하기 벅찰 만큼 비즈니스 기회를 얻게 된다. 그전에 당신이 먼저 해야 할 것들이 있다.

- 전략적으로 계획을 세우고 실행한다.
- 모든 사람들과 상호 신뢰를 쌓는다.
- 적극적으로 제휴 관계를 맺는다.
- 계산하지 말고 먼저 베푼다.
- 제휴가 성숙한 단계에 이를 때까지 기다린다.
- 실행하는 일과 그 방법이 창의적이어야 한다.

다른 사람이 당신을 추천한다는 것은 그들의 평판을 거는 것과 같다. "저는 당신을 내 경력, 평판, 나의 삶에 영향을 미치는 사람들에게 소개할 만큼 당신을 깊이 신뢰하고 있어요."라고 말하는 것이다. 즉, 소개를 주고받는 것은 커다란 책임이 따르고, 누군가는 자신의 평판을 건 모험을 하는 것이다. 당신은 그럴 만한 가치가 있는 사람인가?

영향권을 넓히는 방법

누구에게나 친구들 모임이 있다. 같이 지내는 사람들, 서로의 집에 놀러 가는 사람들, 종교 생활을 함께 하는 사람들, 운동 또는 사회 활동을 함께 하는 사람들, 비즈니스를 함께 하는 사람들도 있다. 이러한 모임에는 각기 다른 사람들이 속해 있다. 사실 모든 모임에는 똑같은 사람이 단 한 명도 없다.

인맥 만들기 실습

어려울 때 당신이 도움을 청할 수 있거나 당신에게 도움을 청할 사람 25명을 곰곰이 생각한 뒤 리스트를 작성한다. 대부분 일대일로 아는 사이일 것이다. 하지만 당신이 이 25명의 사람들을 서로 연결시켜 준다면 이 인맥의 힘이 얼마나 커질까! 이를 위한 방법을 소개하겠다.

당신의 리스트에 있는 모든 사람에게 단체 이메일을 보낸다. 우선 당

사람들마다 자신만의 막강한 인맥을 갖고 있다.

하지만 자신이 갖고 있는 인맥의 힘을

제대로 활용하는 사람은 별로 없다.

-제프리 지토머

신을 소개하고 그 25명의 사람들을 서로에게 소개시켜 준다. 그런 다음 인맥 형성을 위해 때때로 그들의 의견을 묻거나 유용한 정보를 주는 이메일을 보낼 것이라고 밝혀 둔다. 인맥 형성을 위해 당신이 도움을 제공할 것이며, 그들의 도움도 필요하다고 말한다. 그리고 그들에게도 그 리스트에 자신이 아는 25명의 사람들을 추가해 달라고 부탁한다. 만일 모두가 그렇게 한다면, 총 625명이라는 강력한 인맥이 형성된다. 625명 중 600명은 당신이 모르는 사람들이지만, 언젠가 이들 가운데 한 명이 당신에게 도움을 줄 수 있다. 생각만 해도 막강한 인맥이지 않은가?

9

Part 9 관계 맺기의 기술

관계 맺기의
단계를 지켜라

Part 8까지의 내용을 제대로 읽지 않았다면, 이번 Part에서 제시하는 것을 시도할 생각도 하지 마라. 이번 Part에서 제시하는 것들을 잠깐 읽어 볼 수는 있지만, 앞에 제시된 내용들을 자신의 것으로 만들기 전에 이번 Part에서 설명하는 것을 시도하지 말라고 하는 데는 이유가 있다. 학교에서 덧셈과 뺄셈을 모르는 학생에게 미적분을 가르치지 않는 것과 같은 이치이다. 인맥을 만드는 것은 당신이 시간을 들여 배워야 할 진보된 과학이다.

당신 주변의 비즈니스 모임 회원들과 건실한 관계를 맺을 수 있어야 빌 게이츠 같은 거물급 인사들과도 관계를 맺을 수 있는 것이다. 단계를 잘 밟고 성장해야 빌 게이츠의 사무실에 우연히 방문하더라도 당황하거나 쭈뼛거리다가 일생일대의 기회를 날려 버리는 일은 하지 않을 것이다.

문 안으로 들어서기는 쉽지만, 원하는 것을 들고 문을 나서기는 어려운 법이다.

간혹 사람들은 뚜렷한 목적 없이 만나는 것 자체를 목표로 할 때가 있다. 목적이 있는 만남이라면 사람을 그냥 만나기만 해서는 안 된다.

당신만의 브랜드,
이미지와 평판 만들기

개인 브랜드를 만드는 것은 제대로 배우지 않으면 무척 어렵다. 이에 비하면 기업가의 개인 브랜딩 또는 마케팅이 훨씬 쉬운 편이다.

나는 나만의 브랜드를 갖고 있다. 혹은 내 자체가 브랜드라고 말할 수 있다. 나는 내 이름 '지토머Gitomer'와 '제프리 지토머Jeffrey Gitomer'를 브랜드화했다. 나의 칼럼은 11년째 매주 《샬럿 비즈니스 저널》에 실린다. 현재는 95개국에 독자를 보유하고 있으며 독자 수도 꾸준히 늘어나고 있다. 웹사이트도 내 이름으로 등록되어 있고, 회사도 내 이름을 따 '바이 지토머Buy Gitomer'라고 지었다. 내가 하는 모든 일에는 내 이름이 붙는다. 심지어 내 이름의 철자 오타까지 대비해서 URL을 등록해 두었다.

당신의 브랜드는 무엇인가? 당신의 회사 브랜드가 아니라 당신의 개인 브랜드가 있는가? 세일즈에서 잠재 고객은 세일즈맨을 먼저 구매한다. 만일 그들이 당신이라는 브랜드를 구매한다면, 더불어서 당신의 상품도 구매할 것이다.

그렇다면 당신의 브랜드를 어떻게 만들 것인가?

첫째, 당신이 소규모 사업자라면, 브랜드에 관한 책은 읽지 마라. 이제껏 이에 대해 실제적인 내용을 다룬 책을 읽어 본 적이 없다. 둘째, '나'와 '먼저 베풀기'에 대해 생각해 보라. 셋째, '광고와 결합된 홍보'를 준비한다. 광고 문안에 당신의 신념, 얼마나 성실하고 명석하며, 헌신적으로 일하는지 담아 낸다면, 당신의 브랜드는 널리 알려질 것이다.

개인 브랜드를 만드는 것은

- 당신의 상품 혹은 서비스에 대한 수요를 간접적으로 창출하는 것이다.

- 당신이 종사하는 분야에서 당신을 신뢰하도록 만드는 것이다.

- 당신이 종사하는 분야에서 당신의 비즈니스를 신뢰하도록 만드는 것이다.

- 전문가로 나서는 것이다. 당신은 충분히 최고가 될 수 있는데 그 자리에 머무를 것인가?

- 리더로 인식되는 것이다. 많은 사람들 앞에서 말하고, 단체 활동에 참여해 사람들을 이끌고, 사람들이 있는 곳에 항상 모습을 보이는 것이다.

- 혁신가, 그리고 가치 제공자로 인식되는 것이다. 그리고 소중한 인적 자원으로 인정받는 것이다.

- 경쟁자와 자신을 차별화해 자신만의 기준을 세우는 것이다.

- 전문가로서 위치를 확고히 하는 것이다. 당신의 이미지는 다른 사람들에 의해서

만들어진다. 당신이 사람들에게 조금 더 신경을 쓰면 당신의 이미지가 바뀐다.

· 지속적이고 만족스러운 서비스를 제공하고, 모든 것에 가치를 부여해야 한다. 그리고 당신이 약속한 모든 것을 성실히 이행함으로써 개인적인 이미지와 비즈니스 이미지를 만들어 사람들로부터 좋은 평판을 들어야 한다.

· 총체적인 브랜딩과 마케팅 지원 활동으로 당신의 전화통에 불이 나게 하고 세일즈를 성사시켜야 한다.

사람들에게 행동하는 사람으로 알려져야 한다. 위 사항들을 성공적으로 해낸다면 당신은 일을 제대로 하는 사람, 즉 리더가 될 수 있다. 이는 당신이 어떤 사람인지 보여 줄 뿐 아니라, 당신의 상품이나 서비스, 그리고 개인 브랜드를 보여 주는 것이기도 하다.

이것의 가치는 어디서 구해 오거나 살 수 있는 것이 아니다. 세일즈 성사와 실패의 차이이다. 또한 판매를 해야만 하는 사람과 가만히 있어도 구

매 요청이 넘치는 사람의 차이이기도 하다.

이와 같은 일들을 성공적으로 해낸다면 완전히 새로운 당신만의 브랜드가 탄생할 것이다.

중요한 인맥을
만드는 방법

인맥을 만드는 데 있어서 가장 잊기 쉬운 것이 관계가 양방향으로 이루어진다는 사실이다. 사람들은 항상 누군가와 관계를 맺고 싶어 한다.
여기서 고민해야 할 문제, 그들도 당신과 인맥을 만들고 싶어 하는가?

인맥을 만들 수 없다고 해서 자신의 무능함을 다른 사람의 탓으로 돌리지 마라. 인맥을 만드는 방법을 당신이 아직 발견하지 못하거나 배우지 못한 것이다.

이제 자신에게 물어보자.
첫째, 왜 나는 이 인맥을 만들려 하는가?
둘째, 이 관계를 어떻게 맺을 것인가?

셋째, 상대방이 나와 관계를 맺는 이유는 무엇인가?

넷째, 관계를 맺은 후에는 어떻게 유지할 것인가?

일단 인맥을 만들고 서로 관심을 갖게 되면, 그 관계를 끝까지 유지해 나가도록 힘을 쏟아야 한다. 이 점이 중요하다.

인맥을 만드는 데에는 두 가지 핵심 요소가 있다.

첫째는 준비하는 것이다. 당신이 전화를 건 사람과 그 사람이 하는 일에 대해 조금이라도 아는 것이다. 또한 첫 연락에서 당신이 이루려고 하는 것이 무엇인지, 어떻게 이룰 것인지 알아야 한다. 당신은 약속을 잡으려고 하는가, 아니면 세일즈를 성사시키려고 하는가?

약속을 잡으려 한다면, 세일즈를 하려고 시도하지 마라. 관계를 맺으려 한다면 어떤 말을 할 것인지 미리 적어 둔 다음에 연락하는 것이 좋다.

둘째는 관계를 맺는 목적을 분명히 하고, 사람들이 관심을 가질 만한 것이 있어야 한다. 당신은 나와 관계를 맺고 싶어 할 수도 있다. 하지만 내가 왜 당신과 관계를 맺어야 하는가?

장기적인 관계
유지하기

의미 있는 관계를 장기간 유지하려면 반드시 필요한 것들이 있다.

첫째, 지적인 혹은 감정적인 끌림이 있어야 한다.

둘째, 서로의 이익 실현을 위한 공통의 관심사가 있어야 한다.

셋째, 평소 소통을 위해 연락할 때 '부탁'보다는 '베풀기'에 노력한다. 즉, 당신의 인맥을 이용해 끊임없이 부탁하려고 전화하지 마라. 시도 때도 없이 부탁만 하면 어느 날부턴가 당신의 전화를 피할 것이다.

넷째, 가끔 얼굴을 맞대고 만날 기회를 만들어야 한다.

나는 미국강연자협회National Speakers Association의 회원이다. 이곳에서 많은 친구들을 만나지만 이 중에는 1년에 한두 번밖에 볼 수 없는 친구들도 많다. 그러나 내 친구들 대부분은 내가 발행하는 이메일 매거진을 구독하거나,

지역 경제 신문에 실리는 내 칼럼을 읽는다. 어떤 친구들은 이메일이나 전화를 하기도 한다. 우리는 3~4일 일정의 전국대회나 동계 워크숍을 통해 우정을 쌓아 가고 있다. 우리는 모두 말하기와 관련된 사업을 한다. 나를 비롯해 모두가 이 사업에 관심이 많기 때문에 대부분의 대화가 그러한 이슈에 집중되고 서로의 장단점을 논의하기도 한다. 해마다 나는 기존 친구들과의 우정을 돈독히 하면서, 이곳에서 새로운 친구 세 명을 사귀려고 노력한다. 이런 방법을 11년간 해 왔다.

당신이 장기적인 관계를 유지하고 있는 사람은 얼마나 되는가?

대개는 열 손가락으로 꼽을 수 있을 것이다. 당신은 이 질문으로 인해 당신과 연락이 끊긴 사람, 또는 연락했어야 했는데 그렇게 하지 못한 사람들을 떠올리고는 다시 연락해야 할지 잠시 고민했을 것이다. 나도 몇 명을 머릿속에 떠올렸다.

장기적인 관계를 유지하려면 자기 훈련이 필요하다. 또한 오랜 친구들과의 우정을 유지하고 연결점을 찾기 위한 노력도 필수적이다. 지속적인 관계의 유지는 상대방이 아니라 당신 자신에게 달려 있다.

옷차림과
인간관계

수많은 사람들과 인맥을 만들면서 자신에게 어떤 방법이 효과가 있고 없는지 경험하게 될 것이다. 관심을 끌기 위한 당신만의 매력과 체계도 만들어 갈 것이다. 그러면서 자신만의 스타일과 매너, 대중 앞에서의 모습, 이미지를 발전시킬 것이다. 하지만 그들이 당신을 어떻게 인식하는지는 알기 어렵다.

내가 샬럿에 처음 왔을 때 나는 데님 바지, 랄프 로렌 셔츠에 타이를 매고 다녔고 그것이 나의 이미지였다. 1년이 지난 어느 날 한 비즈니스맨이 나에게 이렇게 충고해 주었다. "당신은 꽤 깔끔해 보입니다만 제 생각에는 지금 이미지를 바꿀 필요가 있을 것 같습니다." 나는 이 말을 듣고 생각을 하고 또 했다. 그리고 내 이미지에 변화를 주기로 결심했다. 내가 청바지에서 점잖은 바지로 스타일을 바꾸자마자 나의 인맥은 세 배로 늘었다. 1960년대에 성장한 내 동년배들은 내가 나의 이상을 사회와 타협한다며

비난할지 모른다. 하지만 내 비즈니스에 청바지는 절대로 도움이 되지 않는다. 사실 나는 변화된 내 모습에 만족한다. 그래서 지난 20년 동안 이 스타일을 계속해서 발전시켜 왔다. 내가 입는 옷 중에는 모험에 가까운 것도 있다. 하지만 내 스타일을 유지하기 위해서는 그런 모험도 감수할 것이다.

당신의 스타일이 무엇이냐고 묻는다면 뭐라고 대답할 것인가? 아침에 집을 나서기 전 거울에 비쳐 본 당신의 모습은 어땠는가? 다른 사람들에게 당신의 스타일에 대해 물어본 적이 있는가? 사람들이 당신을 볼 때 어떻게 생각하는가?

더 나은 질문이 있다. 어떻게 하면 사람들 눈에 당신이 지금보다 더 나아 보일까? 이제 당신도 스타일이 인맥을 맺는 데 많은 관련이 있음을 알게 되었을 것이다.

"프로페셔널하게 보여라!"라는 말은 사실 의미가 없다. 어제 나는 큰 은행에 갔었는데, 로비에 있는 사람들 모두가 비슷해 보였고 모두 전문적으로 보였다. 하지만 그들 중에서 어느 누구도 자신만의 스타일을 갖고 있는 사람은 없었다.

스타일은 당신의 매력을 배가시킨다. 맞지 않는 스타일은 당신을 비호감으로 만든다. 어울리지 않는 옷차림을 한 사람이라고 다가가기 싫은 것은 아니지만, 확실히 덜 다가가고 싶어진다. 턱시도에 갈색 구두를 신는 것을 직접 본다면 그렇게까지 나쁘게 보이지 않이 정도면 옷차림에 대해서 충분히 말했다고 생각한다. 어쨌거나 옷차림이 관계를 만드는 데 중요한 것은 사실이다.

가장 쉬운 해결책은 옷을 자주 사는 것이다. 이 보다 좀 더 어려운 해결책은 옷을 살 때 자신의 스타일에 맞는지, 자신이 원하는 이미지에 맞는지 고려하는 것이다. 보수적인 스타일이라고 해서 세련되어 보이지 말란 법은 없다.

일등급 대접을
받으려면

누구나 일등석을 타고 싶어 하고, 일등급의 혜택을 받으면서 여행하고 싶어 한다. 선택할 수 있다면 누구나 최고를 택할 것이다.

관계를 맺을 때도 마찬가지이다. 일등급처럼 보이고 일등급처럼 행동하고 일등급처럼 말하고 일등급으로 알려지도록 하는 능력은 당신이 성공적인 관계를 맺고 있음을 나타내는 것이다. 일등급 평판을 받는 것은 당신의 모든 것이 일등급임을 나타내는 성적표이다. 사람들이 당신에 대해 말할 때 '최고'라는 표현을 사용한다면 이 얼마나 멋진 일인가!

어려운 질문들을 하겠다.

· 당신은 무엇으로 유명한가?

· 당신은 어떤 사람으로 알려져 있는가?

다음의 네 가지 질문에서 당신은 어떤 평판을 받고 있는가?

첫째, 회사와 고객들 사이에서 당신의 평판은 어떤가?

둘째, 업계에서 당신의 평판은 어떤가?

셋째, 참여하고 있는 모임에서 당신의 평판은 어떤가?

넷째, 친구와 가족들 사이에서 당신의 평판은 어떤가?

위 질문에 자신 있게 답할 수 있을 때까지는 인맥에 대해 감을 잡기 어려울 것이다. 다른 사람들에게 신경을 쓰기 전에 자신부터 돌아보라. 다른 사람들이 당신과 관계를 맺고 싶어 할 정도로 가치 있는 사람이 되어야 한다.

개인적인 고백을 하자면, 내가 항상 최고라고 알려져 있는 것은 아니다. 그러나 내가 일하는 분야에서는 세계 최상급 전문가로 알려져 있다. 나는 나는 내 스타일로, 그리고 내 실천 방식으로 최고가 되기 위해 분투하고 있다. 끊임없이 노력하지 않고는 최고가 될 수 없다고 나는 믿는다. 지금까지 설명한 인간관계를 맺는 데 필요한 요소와 원칙들을 내가 매일같이 실천해 왔기 때문에 성공할 수 있었다고 믿는다.

명성을 얻는 것과 남들이 당신을 어떻게 생각하는지 걱정하는 것에는 큰 차이가 있다. 나는 물론 명성을 얻으려고 노력하지만, 누군가 나를 최고가 아니라고 생각한다고 해도 연연하지 않는다. 나를 좋아하는 다른 사람들이 있다면 그것으로 충분하다.

또한 수시로 베푸는 친절을 통해서 명성을 얻을 수 있다는 것도 알게 되었다. 친절을 베풂으로써 좋은 평판을 얻을 뿐 아니라 보람도 느낄 수 있다. 차를 타려는 노인을 부축해 도와주거나 명절에 배고픈 사람에게 음식을 대접하는 것처럼 당신도 할 수 있는 일들이다.

목표는 사람들이 당신에 대해 말할 때, "최고!"라고 말하게 하는 것이다.

먼저 베풀기의
힘과 비밀

이 책은 전반적으로 가치, 그리고 가치를 베푸는 과정에 대해 말하고 있다. 이는 단지 당신이 다른 사람들과 관계를 맺는 것이 아니라, 다른 사람들이 당신과 관계를 맺고 싶어 하고, 갈망하게 만드는 차원의 문제이다.

당신이 다른 사람들로부터 가치를 제공받기를 바라는 것처럼, 그들도 당신에게 가치 있는 것을 원한다.

데일 카네기의 《인간관계론》의 핵심은 '자신에게 진솔하기'이고, 나폴레온 힐의 《놓치고 싶지 않은 나의 꿈 나의 인생 Think and Grow Rich》의 핵심은 '뚜렷한 목표 설정'이다. 이와 마찬가지로 이 책 전체를 관통하는 핵심은 '가치'이다. 이 단어가 아마 100번은 나올 것이다. 당신이 가치의 개념을 이해하고, 이를 토대로 행동한다면 이 책은 풍요로운 인맥을 만드는 길을 제시할 것이다.

스스로 가치 있고 기억에 남을 만한 사람이 된다면

사람들은 당신과 인맥을 맺고 싶어 할 것이다.

－제프리 지토머

나는 '먼저 베풀기'라는 나의 주제와 믿음을 여러 방법을 통해 실천해 왔
다. 우선 나의 칼럼과 《세일즈 카페인》, 그리고 웹사이트를 통해 사람들
에게 가치를 제공하고 있다. 이런 방법으로 매주 수백만 명의 사람들에게
세일즈 정보를 제공해 그들의 실적 향상에 도움을 준다. 가치를 먼저 줌
으로써 인간관계와 부의 토대를 마련했다.

당신도 할 수 있다. 다른 사람들로부터 무언가를 받기 전에 먼저 가치를
제공한다면!

평생 동안
관계 맺기

이 말에는 두 가지 의미가 있다. 첫째는 끊임없이 새로운 관계를 맺기 위해 노력한다는 것이고, 둘째는 평생 동안 기존 관계를 유지하기 위해 헌신한다는 뜻이다.

평생 동안 관계를 맺고 평생 동안 관계를 유지하기 위해 기꺼이 어려운 일을 감수하고 자기 훈련을 하기로 다짐을 했어도 1년, 한 달, 혹은 일주일도 안 돼서 "이 정도면 충분해. 이제 그만두어야 겠어!"라고 말할지도 모른다. 또 "그들로부터 필요한 도움을 다 받았으니 더 이상 관계를 유지할 필요가 없어. 그만 연락해야겠어!"라고 생각할지도 모른다.

일단 관계를 맺기 시작했다면 멈춤이란 없다. 이것은 좋은 소식이다. 더 좋은 소식은 관계를 맺음으로써 당신의 인적 자산 데이터베이스는 계속해서 쌓이며 당신의 삶에 힘과 가치가 되어 줄 것이다. 계속해서 네트워크를 늘리고 관계를 늘릴수록 당신의 성공도 계속해서 늘어날 것이다. 하지만 가장 좋은 소식은 가치를 먼저 제공하라는 나의 철학을 따른다면, 당신의 인맥으로부터 끊임없이 가치를 돌려받게 된다는 것이다.

나는 지난 20여 년 동안 먼저 베풀고 관계 맺기에 힘써 왔다. 그 결과 놀라울 정도로 많이 받았다. 내가 미처 생각하지 못한 좋은 일들이 꼬리를 물고 나에게 찾아왔다. 이것이 내가 이 책을 쓰게 된 가장 큰 이유이다.

나는 당신에게 무엇을 하라고 말하는 것이 아니다. 단지 내가 했던 것들과 그것을 어떻게 했는지 몇 가지 실천 방법을 공유했을 뿐이다.

지금까지 내가 가진 모든 것을 당신과 공유했다. 이제 이것을 실행하는 것은 당신의 몫이다. 내 이메일 주소는 *jeffrey@gitomer.com*이다. 당신이 어떻게 실행하고 있는지 내게 연락해서 알려 주기 바란다.

여정

인생에서 중대한 결정을 내려야할 때가 두 번 있다.
어디로 가느냐, 누구와 함께 가느냐이다.

나, 제프리는 지금 어디로 가고 있는지,
누구와 함께 가야하는지 알고 있다.
당신도 꼭 그렇길 바란다.

제프리 지토머는 《뉴욕 타임즈》 베스트셀러인 《세일즈 바이블The Sales Bible》,《고객 만족은 가치 없지만 고객 충성은 값을 매길 수 없다Costomer Satisfaction Is Worthless, Customer Loyalty Is Priceless》,《패터슨의 판매 원칙The Patterson Principles of Selling》,《세일즈 시크릿 열정The Little Red Book of Sales Answers》, 《Little Green Book of Getting Your Way》, 《Little Teal Book of Trust》, 《Little Gold Book of Yes! Attitude》, 《Little Platinum Book of Cha-Ching!》리틀 북 시리즈 한국어판 곧 출간 예정을 쓴 저자이다.

제프리 지토머는 세미나를 개최하고 세일즈 미팅을 주최하며, 판매와 고객 충성에 대한 트레이닝 프로그램을 운영하면서 지난 15년 동안 연간 120여 회의 프레젠테이션을 해 왔다.

제프리 지토머의 고객으로는 코카콜라, D.R 호튼, 카터필라, BMW, BNG 모기지, 맥그리거 골프, 퍼거슨 엔터프라이즈, 킴튼 호텔, 힐튼, 엔터프라이즈 렌트 에이 카, NCR, 스튜어트 타이틀, 컴캐스트 케이블, 타임 워너 케이블, 리버티 뮤추얼 보험, 웰스 파고 뱅크, 블루크로스 블루쉴드, 칼스버그 비어, 위소 보험, 노스웨스턴 뮤추얼, 메트라이프, 글래소스미스클라인, AC 닐슨, IBM, 뉴욕 포스트 등이 있다.

제프리 지토머의 칼럼인 〈세일즈 무브스Sales Moves〉는 전 세계 95개 이상의 경제 신문에 실리며, 매주 4백만 명 이상의 독자들이 그의 칼럼을 읽는다. 또한 그는 '셀링 파워 라이브 Selling Power Live'의 해설자로서, 세일즈와 자기계발에 대한 세계 최고 권위자들의 지혜를 회원들에게 전하고 있다.

그는 웹사이트 www.gitomer.com, www.trainone.com을 운영하고 있으며, 매일 25,000명의 사람들이 방문하고 있다. 제프리가 운영하는 웹사이트 기반 서비스 교육 프로그램들은 이 부문의 표준으로 인식될 정도로 고객과 업체들로부터 인정을 받고 있다. 트레인원은 고객 중심 온라인 교육 분야의 선도자로 재미있고 실용적이며, 즉시 활용 가능한 제프리의 강의를 들을 수 있다.

제프리가 발행하는 무료 이메일 매거진 《세일즈 카페인》은 매주 화요일 12만 명의 독자들과 아침을 맞이하는 세일즈 모닝콜이다. 제프리는 《세일즈 카페인》을 통해 세일즈 전문가들에게 유용한 세일즈 정보와 전략, 그리고 독자들의 질문에 답변을 제공하고 있다.

1997년 제프리 지토머는 미국강연가협회 National Speakers Association 로부터 공인 강연전문가상 Certified Speaking Professional 을 받았다. 이 상은 지난 25년 동안 500명 미만의 사람들에게만 수여한 협회 최고의 상이다.

막 인쇄되어 나온 따끈따끈한 책을 처음으로 펼칠 때의 느낌은 100번 설명하는 것보다 한 번 경험해 보는 것이 훨씬 낫다. 저자로서 책을 만들면서 많은 일들을 했지만, 주위의 도움이 없었다면 이 책은 나오지 못했을 것이다.

3년 전, 오스틴의 작은 멕시코 식당에서 레이 바드Ray Bard와 《세일즈를 위한 리틀 레드북The Little Red Book of Selling》과 이 책의 다른 시리즈에 대해 이야기를 나눴다. 결과는 우리가 생각한 것 이상으로 훨씬 좋았다. 레이 바드의 창의적인 생각과 지혜, 그리고 진실함에 항상 고마워하고 있다.

내 서툰 원고를 깔끔하게 만들어 내는 데 많은 이들이 도움을 주었다. 최고의 편집자인 제시카 맥두걸Jessica McDougall과 레이첼 루소토Rachel Russotto는 내 생각과 원하는 바를 꿰뚫고 있었다. 펜 끝이 아니라 마음에서 우러나온 열정으로 스타일과 일관성을 유지하며 편집해 준 그녀들에게 무한한 감사를 드린다. 비록 레이첼은 개인적인 이유로 책이 완성될 때까지 함께 하지 못했지만 그녀가 해 준 모든 일을 감사히 여긴다. 제시카와 나는 풍광이 매우 아름다운 오리건의 쿠스 베이Coos Bay에서 바위에 부딪치는 파도를 보면서 책 마무리 작업을 했다.

이 책의 표지 디자인은 나의 형인 조쉬 지토머Josh Gitomer의 애정이 담긴 작품이다. 그는 50년 이상 나를 보아 오면서 항상 나를 지지해 주었다. 조쉬의 디자인 솜씨를 책의 곳곳에서 볼 수 있는데, 컴퓨터 그래픽을 배운 지 3년밖에 되지 않았다는 사실이 믿기지 않을 정도로 훌륭하다.

이 책을 포함하여 이전 네 권 책의 디자인은 그레그 러셀Greg Russel의 솜씨이다. 글자와 그래픽, 출판 디자인에 대한 그의 안목으로 인해 페이지를 넘길 때마다 입체감을 느낄 수 있었으며 읽기도 쉬웠다. 그에게 감사한다. 또한 독자들을 비롯하여 이 책을 낼 수 있게 도와준 모든 사람들에게 감사한다. 유년기부터 '미성숙'했던 성인기까지 나와 인간관계를 맺었던 모든 사람들에게도 고마움을 전하고 싶다. 나는 이들과의 관계를 통해서 지금 내가 전하는 교훈들을 배울 수 있었다. 나의 경험뿐 아니라 그들과의 우정, 인간관계, 조언, 그리고 사랑 모두를 고맙게 생각한다.

다음 책을 낼 때까지 나는 아버지, 할아버지, 친구, 작가, 연설가이자 삶을 사랑하는, 제프리 지토머이다.

"눈부신 다이아몬드 반지네요! 저는 고객과 친밀한 관계를 맺으라고
했지, 약혼을 하라고 한 게 아니거든요!"

LITTLE BLACK BOOK
of CONNECTIONS